“数实融合”驱动煤炭资源型区域高质量发展的机制和路径研究

冯　露　著

中国财经出版传媒集团
中国财政经济出版社
·北京·

图书在版编目（CIP）数据

“数实融合”驱动煤炭资源型区域高质量发展的机制和路径研究／冯露著．-- 北京：中国财政经济出版社，2025. 6. -- ISBN 978 -7 -5223 -3981 -8

Ⅰ. F426. 21

中国国家版本馆 CIP 数据核字第 2025E72Q14 号

责任编辑：陆宗祥　　　　责任校对：徐艳丽

责任印制：张　健

“数实融合”驱动煤炭资源型区域高质量发展的机制和路径研究

“SHUSHI RONGHE” QUDONG MEITAN ZIYUANXING

QUYU GAOZHILIANG FAZHAN DE JIZHI HE LUJING YANJIU

中国财政经济出版社 出版

URL：http：//www. cfeph. cn

E - mail：cfeph@ cfeph. cn

社址：北京市海淀区阜成路甲 28 号　邮政编码：100142

营销中心电话：010 - 88191522

天猫网店：中国财政经济出版社旗舰店

网址：https：//zgczjjcbs. tmall. com

涿州汇美亿浓印刷有限公司印刷　各地新华书店经销

成品尺寸：170mm × 240mm　16 开　15. 25 印张　203 000 字

2025 年 6 月第 1 版　2025 年 6 月河北第 1 次印刷

定价：76. 00 元

ISBN 978 - 7 - 5223 - 3981 - 8

（图书出现印装问题，本社负责调换，电话：010 - 88190548）

本社图书质量投诉电话：010 - 88190744

打击盗版举报热线：010 - 88191661　QQ：2242791300

本书受到以下基金项目资助

1. 黑龙江省哲学社会科学研究规划项目："数实融合"驱动煤炭资源型区域高质量发展的机制和路径研究（编号：23XZT050）。

2. 黑龙江省省属本科高校基本科研业务费项目："数实融合"驱动能源企业绿色转型的影响效应与路径研究（编号：2024—KYYWF—1068）。

3. 黑龙江科技大学引进高层次人才科研启动基金项目："双碳"背景下黑龙江省煤炭矿区生态效率评价及影响因素研究。

4. 黑龙江省高校人文社会科学重点研究基地孵化项目："双碳"背景下煤炭资源型城市生态效率评价及影响因素研究（编号：2022—BSRC—01）。

前 言

煤炭资源是我国的主体能源，在能源生产和消费结构中占据重要地位，具有保障国家能源安全稳定供应的关键作用。然而，在“双碳”目标下，煤炭资源型区域承担着保持经济增长和实现产业转型的双重压力，正面临着资源能源消耗强度大、产业转型升级困难等诸多问题。党的二十大报告明确指出，加快发展数字经济，促进数字经济和实体经济深度融合(以下简称“数实融合”)。煤炭资源型区域高质量发展是我国经济社会和能源转型发展的必然要求，亟须融入绿色低碳和以科技创新为主导加速形成新质生产力的理念，引导数字经济和区域产业发展深度融合，积极推进产业转型升级，实现技术革命新突破和生产要素创新性配置，从而推进科技成果落地转化。

本书以煤炭资源型区域为研究对象，基于数字经济增长理论、产业融合发展理论和资源诅咒理论：首先，厘清煤炭资源型区域高质量发展的驱动因素，构建数字经济与产业升级的综合评价指标体系，科学测度两者的分布动态、区域差异与影响因素；其次，分析“数实融合”协同演化机理，分析煤炭资源型区域数字经济与产业升级融合互促动态关系；再次，探究“数实融合”驱动煤炭资源型区域高质量发展、提升全要素生产率和培育新质生产力的理论机制，并进行实证检验；最后，从加快数字基础设施建设、提高多维协调发展水平、提升融合发展的主体能力、推进传统产业加速形成新质生产力方面，提出煤炭资源型区域高质量发展的实现路径。

研究发现，“数实融合”能够促进煤炭资源型区域产业进行全方位、全角度、全链条的改造，有助于推动区域发展的质量变革、效率变革和动力变革。基于加强数字平台基础设施建设、实现数据要素的精准捕获、以科技创新为主导、加快形成新质生产力是驱动煤炭资源型区域实现高质量发展的关键。本书进一步丰富了“数实融合”、资源型区域、高质量发展的研究内容，提炼并总结了资源型区域转型发展经验，提出符合煤炭资源型区域形成新质生产力和高质量发展发展的路径与保障体系，可为区域发展政策制定、煤炭产业数智化和绿色化转型实践提供参考。

冯露

2025 年 3 月

目录

第 1 章

绪　论

1.1 研究背景及问题的提出

煤炭工业是支撑我国经济社会高速发展和保障国家能源安全的压舱石与稳定器，承担着能源保供与支撑新能源稳定发展的时代使命。近年来，世界能源格局加速演进，法治体系、战略体系、政策体系已呈现出明显的变化，叠加激烈的大国博弈与复杂的地缘政治冲突，对全球能源供给体系造成前所未有的冲击。温室气体排放引发的环境问题日益突出，促使各国纷纷加快向绿色低碳能源转型的步伐；与此同时，第四次工业革命与产业变革正在重塑能源技术体系。面对严峻的外部形势和自身发展需求，2020年9月，习近平总书记在七十五届联合国大会上提出“双碳”目标——中国将在2030年前实现碳达峰，2060年前实现碳中和。党的二十大报告明确指出，要加快发展数字经济，促进数字经济和实体经济深度融合（以下简称“数实融合”），推动制造业高端化、智能化和绿色化发展。2023年年初，中共中央、国务院发布《数字中国建设整体布局规划》，数字中国建设进入新发展阶段，为煤炭工业数字化发展带来新机遇。煤炭资源是我国制造业发展的主体能源，在能源生产和消费结构中占据重要地位，承担着保障国家能源安全稳定供应的关键作用。在数字中国建设背景下，大力推动“数字煤炭”建设，必然成为新时代实现煤炭工业高质量发展的有力支撑。2023年，我国规模以上工业煤炭产量46.6亿吨，同比增长2.9%，国内煤炭供应量创历史新高，达51.3亿吨（郭建利，2024）。

资源型城市作为中国重要的能源战略基地，其低碳转型的成效对如期实现“双碳”目标具有重要影响（边志强和钟顺昌，2023）。由于长期依赖资源开采，煤炭资源型区域承担着保持经济增长和实现产业转型的双重压力，当前面临着资源能源消耗强度大、产业转型升级困难等诸多问题（孙秀梅和闫肃，2023；Feng 等，2024；Gao 和 He，2024）。所以，推进煤炭资源型区域高质量发展是我国经济社会和能源转型发展的必然要求。

立足数字经济时代，数字经济因其潜在的绿色效应，为煤炭资源型城市的低碳转型提供新动能，现亟须针对数字经济与实体产业融合发展实践，融入绿色低碳和以科技创新为主导加速形成新质生产力的理念，揭示“数实融合”驱动煤炭资源型区域发展的理论机制，科学测度数字经济和煤炭资源型区域产业融合发展水平、障碍因素和空间关联关系，检验两者耦合协同对区域高质量发展的影响，探索实现路径，落实保障措施，这对促进煤炭资源型区域转型发展、保障国家能源安全稳定供应和助力实现“双碳”目标具有重要意义。

1.2 研究目的与研究意义

1.2.1 研究目的

（1）揭示理论逻辑。

梳理数字经济与实体产业融合的核心要义，挖掘数字经济系统和煤炭资源型区域产业系统相互关联和相互促进的动态关系，丰富数字经济发展、产业升级发展和区域高质量发展的作用机理研究，通过分析煤炭资源型区域高质量发展的动力来源和影响因素，将数字经济和产业升级转型的有序度和协同度引入促进区域高质量发展，促进三者有序化演进。

（2）测度融合水平及其协同效应。

结合数字经济特征、区域资源优势、产业特点，识别数字经济和煤炭资源型区域产业发展交互影响的关键要素，构建指标体系和评价模型，探索两者深度融合发展的耦合关系、互促关系和障碍因素，检验耦合协同对区域高质量发展、全要素生产率和新质生产力的影响效应，为煤炭资源型区域高质量发展做好系统性和长远性论证。

（3）探索实现路径。

分析数字经济与产业升级深度融合发展存在的约束和挑战，为煤炭资源型区域实现“数实融合”驱动和区域高质量发展提供路径支撑，为促进资源型区域转型发展、打造新经济增长点寻求政策支持，重振煤炭资源型区域发展优势。

1.2.2 研究意义

（1）理论学术价值。

①基于资源经济学、生态经济学和产业经济学多学科交叉融合，丰富数字经济与煤炭资源型区域产业发展的融合互动机制研究。

②充实“数字经济、产业升级、区域高质量发展”内在机理研究，健全“数实融合”驱动煤炭资源型区域高质量发展的理论机制，为煤炭资源型区域转型发展研究增添新视角。

（2）实践应用价值。

①综合数字经济系统和煤炭资源型区域产业发展系统不同维度衡量标准，设计耦合协调发展评价指标体系，检验“数实融合”对区域高质量发展的影响效应，提供多维度动态评价“数实融合”发展成效的科学依据。

②通过科学测度“数实融合”水平及其对区域高质量发展的影响效应，可为“数实融合”的效果评估提供经验证据，为煤炭资源型区域发展的政策制定提供重要依据。

1.3 国内外研究现状

1.3.1 数字经济与实体经济融合发展

随着数字技术在经济领域的广泛渗透，数字经济成为新的增长点，是推动实体经济增长的重要引擎，数实融合的重要性与突出优势成为学者们研究的热点话题。学术界目前对数实融合的研究主要涉及以下几个方面：

（1）数字经济与实体经济之间的关系。

实体经济作为国民经济的根基，是我国经济增长的重要基础和主要支柱，其稳定发展关系到国家与地区的经济发展水平和综合实力（洪银兴和任保平，2023）。数字经济作为科技革命和产业变革的主导力量，在互联网、大数据、云计算等新技术的推动下，成为新时代推动经济发展的重要动力（王玉珍等，2024）。从技术赋能角度，数字技术已广泛渗透于各行业的生产经营和管理活动当中，有序推动传统企业数字化转型（冯露等，2023），主要体现在数字技术的复制和共享数据的能力，能够实现信息的即时交流和连接，从而减少数据处理和交易的成本，达到降本增效的效果（冯露等，2023）。成功的数字化转型体现创新驱动、业务整合和数据驱动的典型配置特征（Zheng 等，2023）。Yuan 等（2021）基于 1990—2017 年 G7 国家的数据发现数字经济是促进技术创新的重要因素。一方面，数字经济能够通过技术创新和数据驱动，为实体经济提供新的增长点，从而提升全要素生产率，直接促进实体经济发展（肖土盛，2022）；另一方面，数字经济通过影响实体产业供需结构，促使产业结构合理化来间接推进实体经济发展（罗茜等，2022）。除此之外，Xie 等（2024）研究发现数字经济在催生新产业方面具有优势，数字信息技术能够实现制造业关键技术产业化，能够促使实体经济增长的驱动来源发生转变，进而切实、有效地提升业务流程的整体效率。此外，有学者检验数字经济对实体经济的影响效应，发现我国数字经济对实体经济影响呈倒“U”形，对东部地区实体经济呈“挤出效应”，对中西部地区呈“促进效应”，而随着产业的不断发展升级，这种“挤出效应”会逐渐减弱，呈现边际递减规律（姜松，2020）。史丹和孙光林（2023）提出数字经济与实体经济融合是应运而生的概念，强调两者协调发展、良性循环。Tian 等（2024）全面分析数字经济与实体经济的交叉关系，研究表明数字经济与实体经济深度融合代表未来经济发展的主要类型以及未来经济竞争的制高点。

（2）融合测度与实现路径。

数实融合实质上是产业向数字化转变，实现发展方式变革和传统产业升级，产业转型加速、产业合作渗透、供需模式转变是其融合的主要特征。在融合测度方面，数实融合测度主要有三种途径：一是建立数字经济和实体经济两个子系统，通过耦合协调模型测度协同水平。郭晗和全勤慧（2022）主要采用耦合协调度模型进行分析，数字经济与实体经济的耦合协调度逐年提高。张帅等（2022）通过熵值法、协调度和空间计量模型等方法分析得出中国数字经济与实体经济的融合水平展现出逐年持续上升的增长态势，但整体水平仍然相对偏低。二是通过数实融合的内涵要义，从基础融合、应用融合、创新融合和金融融合四个维度，研究数字经济与实体经济融合发展（胡西娟等，2022）。杜传忠和张榕（2024）提出数实深度融合就是数据要素、数字技术、数字理念等逐步融入实体经济各个领域和环节，从而带来实体经济效率提升的过程。三是基于专利数据，从技术驱动产业融合的视角，考察数实融合的结构特征（周密等，2024），其中产业数字化升级、企业数字化转型、劳动力技能变革成为数实融合的典型特征（丁述磊等，2024）。在实现路径维度，学者们聚焦于数实融合的赋能机制，围绕融合过程中面临的现实挑战，探索促进数实融合的具体路径。陆岷峰（2022）认为要在实体经济的发展中充分发挥数字技术的作用，关键在于解决核心技术领域的“瓶颈”问题，即限制技术进步和产业发展的“卡脖子”技术难题。杨秀云和从振楠（2023）提出促进数实融合发展，应采取有效措施弥合“数字鸿沟”，提升数字技术，促进产业的数字化变革。由于数据要素具备“垂直非竞争性”的特点，意味着其所蕴含的价值信息能够激发新知识、新技术和新专利的产生，从而显著增强企业的活力和提高研发创新的效率（Cong 等，2021）。田杰棠和张春花（2023）提出要加大算力基础设施的使用，促进数据要素流动，引导数字经济进一步与实体经济紧密融合。通过“有效市场 + 有为政府”的分工协作机制，利用市场机制和政府的积极作用，构建起有效的数字经济和实体经济融合发展机制（王定祥等，2023），除政策支持和技术创新外，基础设施发展和资源共享等同样会促进数字经济与实体经济和谐发展（Huang 等，2023）。

1.3.2 资源型区域高质量发展

资源型城市在中国城市体系中占据着重要地位，其经济发展长期依赖着资源密集型产业，但在线性经济模式下，资源被单向消耗、产品被消费后，随之产生的是污染排放不断加剧以及生态的严重破坏（冯露等，2024），所以资源型城市亟须破解产业结构转型困境、实现高质量发展，而促进产业转型升级对实现资源型城市高质量发展至关重要。从既有文献来看，学者们主要对资源型区域转型的关键因素以及赋能资源型区域的实现路径等方面进行研究。

（1）影响资源型区域转型的关键因素。

关于煤炭资源型区域转型发展方面，许磊等选取 2013—2022 年 112 个资源型城市面板数据，通过构建计量基本回归模型，验证发现发展新质生产力对生产要素进行创新性配置，提升全要素生产率，能够实现产业深度转型升级（许磊等，2025）。刘帅和杜文宇（2024）认为新质生产力可以通过推动产业结构升级和产业集聚的双重渠道促进能源结构低碳转型，李子成等（2024）也认为新质生产力对产业结构升级有显著影响，徐政和张姣玉（2024）发现新质生产力促进制造业转型升级。朱丽等（2024）基于熵值—综合指数法对 47 个煤炭资源型城市转型发展研究发现，创新管理和能源供应成为影响城市能源转型水平的主要障碍因子，数字绿色创新管理活动是城市发展低碳智能的核心（Yin 等，2022）。通过数字技术渗透，提高能源使用效率增加产品的附加值，促进资源型区域传统产业的转型升级（孙晓和郑辉，2019）。王家明等（2024）提出，为不断增速发展战略性新兴产业、促进资源型区域转型发展，必须依托科技与创新；强化发展新质生产力是助推产业结构迭代升级、全面实现生产力现代化的必然选择。刘峰等（2024）提出数字化、智能化、绿色化协同的发展模式，推进煤炭工业的高质量发展。关于煤炭资源型城市的能源供应能力方面，潘月军（2023）提出要提升煤炭利用率、打造绿色清洁高效应用发展模式，实现煤炭领域的绿色发展和可持续发展。Long 等（2021）构建煤炭资源型城市绿色发展的评价指标体系，测度中国 30 个煤炭资源型城市的绿色发展水平，其呈现东部地区 > 中部地区 > 西部地区 > 东北地区，东北地区尤其要加大绿色发展力度。关于煤炭资源型区域可持续发展能力方面，Hou 等（2022）利用 Super - SBM 模型指出中国煤炭城市可持续发展能力整体呈现不稳定状态，多数发展完全的煤炭城市呈现出“资源诅咒”的问题，而衰退中的煤炭城市则表现出资源的双重影响，既有“资源诅咒”的困境，也有“资源祝福”的机遇（Zeng 等，2019）。

（2）赋能资源型区域转型的路径选择。

我国资源型城市发展寻求资源利用速度而忽视质量要求，致使各类资源要素没有得到充分、合理利用，要素市场未实现最优化资源配置，资源型城市产业结构转型升级存在困难（郭艺等，2023）。康红普等（2021）提出，要发展煤炭清洁，须因地制宜探索适用不同区域煤层气开发利用的技术，提升煤炭行业生产的节能水平。Zhang 等（2023）提出，政府应致力于制定科学、合理的产业调整政策，积极发展绿色金融产业，促进煤炭产业的绿色转型，以实现健康和可持续的发展，打破“资源诅咒”。基于 TOE 理论框架，政府支持在促进资源型区域低碳转型和绿色发展方面发挥着关键作用，可以促进煤炭资源型城市的高质量发展（刘耀彬等，2023）。肖小东等（2023）提出，虽然大部分煤炭资源型城市已实现经济高质量发展水平的提升，然而鉴于资源型城市长期历史遗留问题的不断积累，因此需要建立长期、有效的生态补偿机制，以达成更高质量的发展。

1.3.3 数字经济驱动区域高质量发展

数字经济作为推动区域高质量发展的新引擎，正加速重构经济发展与治理模式。在现有的文献中，多数从不同的视角、不同的维度阐述数字经济对区域高质量发展的作用机理和作用路径。Ma 和 Zhu（2022）认为，区域经济高质量发展是复杂的系统工程，涉及经济社会多方面的因素，这些因素也会在一定程度上直接影响数字经济促进区域经济高质量发展的实际成效。在数字经济促进高质量发展的路径选择研究方面，主要聚焦于数字经济直接推动区域高质量发展以及数字经济通过间接机制作用促进区域高质量发展。郭峰等（2023）认为，数字经济以自身的独特优势可以直接显著促进区域经济的高质量发展。鲁钊阳等（2023）也通过实证检验得出数字经济促进区域的整体高质量发展，其中推动产业结构转型升级、提高地区研发创新水平是其主要路径机制。任保平（2020）认为，效率变革是数字经济引领区域高质量发展的主要因素，主要表现在数字经济通过提高创新能力，进而实现效率变革（宁朝山，2020）。范德成等（2024）发现在数字经济的大环境下，数字产业化充当推动区域高质量发展的“催化剂”，数字产业化、产业数字化、数据价值化以及数字化治理等效应的全面发挥是数字经济促进区域经济高质量发展的关键所在（杨文溥，2022）。数字经济的内涵和外延应伴随着技术革新而不断扩展和调整（Jolliff，2019），从而提升区域技术创新，实现经济高质量发展（宋洋，2020）。

在数字经济如何通过间接机制作用促进高质量发展研究方面，荆文君和孙宝文（2019）认为，数字经济的独特优势可以为我国现代化经济体系提供更好的匹配机制和激励机制，进而可以更好地促进高质量发展。孟祥寒（2024）发现优化数据资源配置，能够通过提升经济效率和优化经济结构，推进新旧动能转换，从而提升域内的创新水平。张亚丽和项本武（2023）认为，数字经济作用于资源配置效率和全球价值链分工，能够提升城市经济高质量发展韧性。Popkova 等（2022）认为，数字经济能够促进数据要素流动，提升产业链协同创新效率，带动产业数字化和数字产业化。基于应用大数据和人工智能等新技术融入产业场景，强化数字技术与实体经济融合发展，促进场景化应用落地，提高场景运行效率（Deng 等，2022）。对于发展低碳城市来说，王贞洁（2022）提出要提高低碳技术和生产技术的结合度，推动设备升级改造和工艺革新获得技术水平提升，发挥“创新效应”进而促进区域高质量发展。刘玲娜等（2023）研究表明，我国数字经济与实体经济融合水平逐年上升，我国呈现由东向西的高低两梯度空间分布格局，对制造业企业全要素生产率提升作用显著，能够改善资源型城市环境状况，但是由于不同地区数据要素、经济发展水平与资源条件存在差异，区域高质量发展仍有待进一步研究与补充。

1.3.4 研究动态述评

纵观既有文献可以看出，学者们在数实融合、资源型区域高质量发展、数字经济驱动区域高质量发展等方面取得了一定的研究成果，为本书的后续研究奠定了坚实的基础。即便如此，考虑到“双碳”目标的环境约束，在我国数字经济的迅猛发展时代背景下，现有学术成果仍不充分。具体表现在：第一，虽然学者研究开始关注数字经济对实体产业的作用，但聚焦于煤炭产业的研究相对有限，尤其是在以煤炭资源型区域为对象的相关研究中，立足“数实融合”视角，对区域高质量发展的量化研究相对较少。第二，关于数字经济与产业升级深度融合驱动煤炭资源型区域高质量发展的研究，尚未形成系统、全面的理论分析框架，缺乏对内在机理与理论机制的深入剖析。第三，现有研究在针对煤炭资源型区域的独特性和差异性方面关注不够，提出的发展策略和政策建议尚缺乏针对性和可操作性，难以有效指导不同煤炭资源型区域的实际发展。

本书力求建立新逻辑框架，补充数字经济与实体经济融合驱动煤炭资源型区域高质量发展的相关研究，通过构建完善的理论分析框架，深入探究数字经济与煤炭资源型区域产业融合互促的内在机理与动态关系，完善两者融合驱动区域高质量发展的理论机制，实证检验两者融合对区域高质量发展、全要素生产率和新质生产力的影响效应，并提出落地可行的实现路径。

1.4 研究内容与研究方法

1.4.1 研究内容

数实融合已成为经济发展和产业转型的全新动力，同时也是促进高质量发展的重要手段。本书以此为出发点，结合数字经济增长理论、产业融合发展理论、资源诅咒理论和可持续发展理论，深入剖析数实融合驱动煤炭资源型区域高质量发展的影响机制与实现路径。围绕该问题，主要形成以下四个方面的研究内容，技术路线如图 1 - 1 所示。

（1）剖析驱动煤炭资源型区域高质量发展的关键因素。

深度挖掘数字经济驱动区域高质量发展的外在拉动力，探究产业升级发挥的内在推动力，揭示两者相互促进、协同推动区域高质量发展的内在联系。

（2）挖掘数实融合的协同演化机理及融合互促效应。

借助 Logistic 模型构建数字经济与实体经济协同演化机理模型，选取恰当指标并收集相关数据，深入剖析其协同演化模式，通过路径仿真清晰展现演化路径；同时，分析数字经济与煤炭资源型区域产业升级融合互促机理，检验两者耦合协调水平、空间关联关系、分布动态演进及区域差异。

（3）实证分析数实融合驱动煤炭资源型区域高质量发展的影响效应。

深入分析数实融合驱动煤炭资源型区域高质量发展、提升全要素生产率和培育新质生产力的直接作用机制与间接作用机制，并进行实证检验，基于稳健性分析、门槛效应分析和异质性分析，确保研究结果的可靠性与有效性。

（4）提出数实融合驱动煤炭资源型区域高质量发展的实现路径。

从多个关键层面提出煤炭资源型区域高质量发展的实现路径，包括数字基础设施建设方面、多维协调发展水平层面、提升融合发展主体能力以及推进传统产业加速形成新质生产力方面，为煤炭资源型区域高质量发展提供切实可行的实践指导。

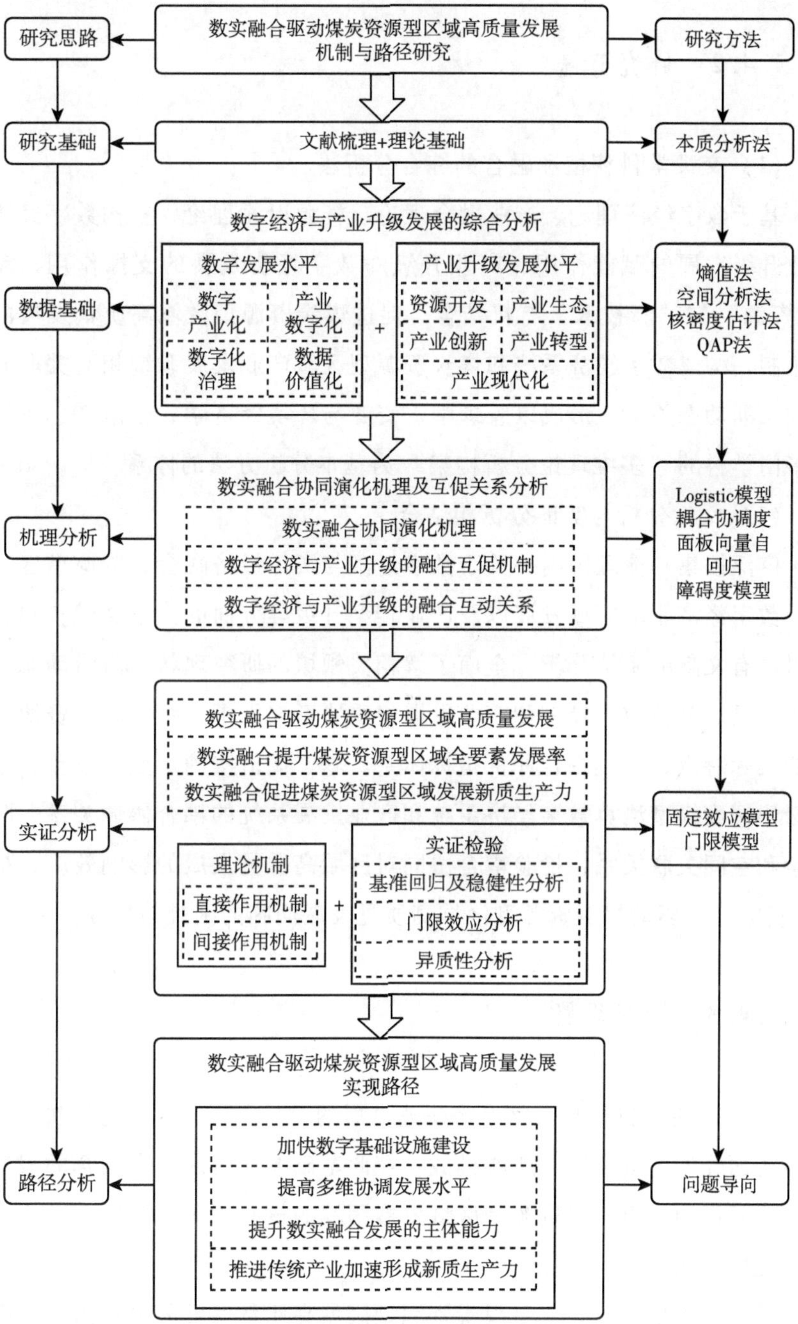
研究思路
数实融合驱动煤炭资源型区域高质量发展机制与路径研究
研究方法
研究基础
文献梳理+理论基础
本质分析法
数字经济与产业升级发展的综合分析
数字发展水平
数字产业化
产业数字化
数字化治理
数据价值化
+
产业升级发展水平
资源开发
产业生态
产业创新
产业转型
产业现代化
数据基础
熵值法
空间分析法
核密度估计法
QAP法
数实融合协同演化机理及互促关系分析
数实融合协同演化机理
数字经济与产业升级的融合互促机制
数字经济与产业升级的融合互动关系
机理分析
Logistic模型
耦合协调度
面板向量自回归
障碍度模型
数实融合驱动煤炭资源型区域高质量发展
数实融合提升煤炭资源型区域全要素发展率
数实融合促进煤炭资源型区域发展新质生产力
实证分析
固定效应模型
门限模型
理论机制
直接作用机制
间接作用机制
+
实证检验
基准回归及稳健性分析
门限效应分析
异质性分析
数实融合驱动煤炭资源型区域高质量发展实现路径
加快数字基础设施建设
提高多维协调发展水平
提升数实融合发展的主体能力
推进传统产业加速形成新质生产力
路径分析
问题导向

图1-1 技术路线图

1.4.2 研究方法

（1）交叉学科移植和融合的综合分析法。

基于数字经济理论、产业融合理论、资源诅咒理论，重构数字经济对产业升级发展的赋能作用、产业升级对数字经济发展的支撑作用，完善“旧资源”与“新技术”有机结合、促进煤炭资源型区域高质量发展的理论机制，构建数字经济系统和煤炭资源型区域产业发展系统相互关联和促进的长期动态关系，形成以管理学、资源与环境经济学、生态学、系统学等多门学科的“多维理论分析构架”为基本分析方法的体系。

（2）文献分析与实证分析相结合。

广泛搜集和梳理国内外关于数字经济与实体经济融合、资源型区域发展、数字经济驱动区域发展以及产业转型升级等方面的大量文献资料。通过对已有文献的系统分析，全面了解相关领域的研究现状、前沿动态和存在的不足。分析数字经济和产业发展的重要影响因子，结合煤炭资源型区域的实际特点，构建综合评价指标体系。基于熵值法确定变量权重，采用耦合协调度模型测算数字经济系统和产业发展系统的耦合协调关系、障碍因素和空间关联关系，检验耦合协同对区域高质量发展的影响效应，梳理“数实融合”驱动煤炭资源型区域高质量发展面临的困难与挑战。

1.4.3 研究思路

在“双碳”目标与数字经济快速发展的时代背景下，厘清煤炭资源型区域所面临的关键问题与严峻挑战。在此基础上，引入数实融合的战略导向，将其作为解决煤炭资源型区域发展困境的核心视角与重要驱动力。具体研究思路如下：

第一，提出问题。立足煤炭资源型区域高质量发展的迫切需求，根据已有研究文献中的不足，发现以煤炭资源型区域为研究对象的相关文献中，尚未见数实融合驱动高质量发展的机制分析与量化研究的课题。

第二，梳理相关概念与理论基础。对数字经济、实体经济、煤炭资源型区域、高质量发展的内涵与外延等概念进行界定。围绕数字经济增长理论、产业融合发展理论、资源诅咒理论等相关理论的核心观点、发展脉络进行系统梳理。

第三，驱动因素分析及综合评价。厘清影响煤炭资源型区域高质量发展的内、外部驱动因素，构建数字经济与产业升级的综合评价指标体系，探讨煤炭资源型区域数字经济与产业升级的分布动态、区域差异与影响因素。

第四，数实融合协同演化机理与互促关系分析。基于 Logistic 模型探索煤炭资源型区域数字经济与实体经济协同演化机理，深入探究数字经济与产业升级发展的融合互促机制，分析数字经济与产业升级耦合的互动关系、空间关联性、分布动态、区域差异与影响因素。

第五，实证分析。结合煤炭资源型区域发展特色，以数实融合为核心驱动力，深入分析数字经济与产业升级耦合对区域高质量发展、全要素生产率与新质生产力的直接作用机制与间接作用机制，并进行实证检验。

第六，提出对策。从影响数实融合发展的关键因素和本地配套措施两个层面出发，提出煤炭资源型区域高质量发展的实现路径，以期为煤炭资源型区域高质量发展提供参考和借鉴。

第2章

相关概念与理论基础

2.1 相关概念

2.1.1 数实融合

2.1.1.1 数字经济

G20 杭州峰会发布的《二十国集团数字经济发展与合作倡议》对数字经济概念进行了界定，把数字经济定义为一种经济活动，把数字化的知识和信息作为关键的生产要素，同时借助现代信息网络以及信息通信技术，来实现效率的大幅提升。从经济效应来看，数字经济能够优化资源的配置方式，促使产业向更高层级转型升级，有利于改善生态环境，为经济迈向高质量发展阶段注入动力源泉。数字经济具有强大的连接效能，借助数字技术对空间链的构建格局进行重塑，延展产业链与供应链，拓展价值链增值空间，为经济的高质量发展提供强劲动力与坚实支撑，推动经济向更高质量的方向稳步迈进（钞小静等，2024）。数字经济相较于其他经济形式，对自然资源的依赖程度较低，是一种环境友好型的经济范式。随着数字经济不断发展壮大，高污染、产能过剩产业的生存空间被逐步压缩，由此带动产业结构朝着更优的方向升级调整，我国的绿色经济效率也得以有效提升，为可持续发展奠定更为坚实的基础（刘强等，2022）。从特征来看，数字经济展现出显著的新特性，具体可归纳为五个方面：数据化特征，即数据成为关键要素；产消合一化特征，模糊生产者与消费者界限；平台化特征，构建起多方交互的基础框架；分享化特征，促进资源的共享流通；智能化特征，驱动经济活动的智能决策与高效执行（Yi 等，2024）。在新时代背景下，数字经济的发展呈现出绿色、高效率和全球化的新型特征（Wang 等，2022）。

2.1.1.2 实体经济

习近平总书记在党的二十大报告中指出，"坚持把发展经济的着力点放在实体经济上，推进新型工业化，加快建设制造强国、质量强国、航天强国、交通强国、网络强国、数字中国"。其中，实体经济是指一个国家生产的商品价值总量，它涉及物质产品和服务的生产和流通等，是基于三大产业生产、流通、分配和消费全流程的经济活动，是国民经济的血脉，是强国之本、兴国之基。因此，实体经济被认为是人类经济社会活动的基石，它为经济社会的持续发展做出重大贡献（夏杰长，2024）。实体经济由窄到宽可以划分为三个层次：一是制造业，即实体经济最核心的组成部分；二是实体经济的主体部分，除了第一层次的制造业外，还包括农业、建筑业，以及除制造业以外的其他工业；三是指实体经济最广义的概念范畴，即在前两个层次的基础上，纳入批发零售、交通运输仓储、住宿餐饮，以及除金融和房地产业之外的所有服务业（He 和 Wei，2023）。

2.1.1.3 数实融合

数实融合广义上是指在基础设施、发展环境和高效技术支持的大背景下，实体企业进行要素创新、模式转型、数字化生产与管理的过程。从深层次来看，旨在数字技术企业与传统实体企业之间的合作和共同发展（王晓丹，2024）。数实融合并不是两项技术简单相加，而是一个双向动态互促的过程。一方面，数字技术在促进实体技术的发展方面起到关键作用，数字技术广泛嵌入实体技术的研究开发、设计制造、成果转化等环节，改变传统技术创新过程中的要素配置结构和效率。另一方面，实体技术转型升级进一步促进数字技术应用和演进。随着实体技术智能化、数字化改造需求的增加，加强企业网络基础设施、信息系统、制造设备工具等升级变革，技术融合应用显著提升企业的生产效率（张沥幻和张金昌，2024）。

数实融合狭义上是指产业数字化和数字产业化两个方面。第一，产业数字化是指将数字技术应用于传统产业，通过数字化转型提升产业效率和竞争力。传统的企业经营模式和行业发展特征被重塑，新一轮数字化红利顺着供应链向上延伸，推动实体产业全要素生产率持续提升。第二，数字产业化则强调数字技术本身的发展和创新，推动数字技术的广泛应用和产业化进程。随着数字基础设施不断升级完善，互联网、物联网、大数据、人工智能、5G、区块链、云计算等数字技术快速发展并向经济社会生活全面渗透，新技术应用场景不断丰富，技术迭代和产品创新速度加快，数字产业化的基础不断巩固（李永红和黄瑞，2019）。中国信息通信研究院研究数据显示，我国数字经济规模实现合理增长，2022 年，全国数字经济规模高达 50.2 万亿元，同比增长 10.3%，显著高于同期 GDP 增速（耿勇等，2024）。在产业比重方面，数字经济占比相当于我国第二产业比重，高达 41.5%。基于数字产业化和产业数字化的不同维度，两者规模分别为 9.2 万亿元和 41 万亿元，占比分别为 18.3% 和 81.7%（王彦庆等，2024）。数字产业化基于数据要素打造新兴产业，而产业数字化更重视数字技术在实体经济中的应用。在新时代经济发展理念的指导下，数实融合有助于实现资源配置、供求调节、生产组织、企业协同和商业运营等方面的显著优化，已成为我国建设现代化产业体系和推动区域高质量发展的重要举措（夏杰长，2024）。

基于数字技术、人工智能和云计算等新兴科技创新和发展，数据要素已成为新质生产资料，赋能实体生产、流通、分配和消费等全产业链和全生命周期转型升级发展。数实融合赋能数字经济与实体经济增强彼此联系和作用，随着新兴数字技术的应用，两者之间不再有明显的界限（魏丽莉和侯宇琦，2022；丁述磊等，2024）。本书认为，数实融合旨在数字经济依托实体产业发挥数字叠加效能，提高实体经济资本循环速度，同时实体产业依靠数据要素提高资源能源利用效率，促进数字经济迭代升级，形成创新、高效、智能的融合场景（许恒等，2020；师博和魏倩倩，2024）。

2.1.2 煤炭资源型区域

资源型城市作为我国重要的资源供应基地，为国民经济发展做出了卓越贡献。资源型城市的发展主要依赖自然资源的开采与加工。在发展初期，资源型城市凭借其得天独厚的自然资源优势，有力促进地区经济的快速增长。资源型城市往往拥有丰富的矿产、能源或其他可再生与不可再生资源，成为区域经济发展的重要支柱。然而，值得注意的是，资源型城市的形成、发展乃至后续的转型过程，深度依赖于对本地区自然资源的开发利用。高度依赖自然资源的发展模式，虽然短期内带来显著的经济效益，但从长远来看，却隐藏着诸多隐患，往往导致高碳、高能耗、低效率的发展路径，不仅加剧产业结构的单一化和失调现象，还造成自然资源的极大浪费。随着资源的持续开采和加工，环境污染问题日益突出，空气质量恶化、水体污染、土壤退化等环境问题接踵而至，对当地生态环境造成不可逆转的损害。同时，由于资源的过度开采，优势资源的储量不断减少，甚至面临枯竭的风险。不仅直接威胁城市的经济发展潜力，而且可能因为资源的过度开采和依赖，出现经济增长放缓、社会矛盾加剧、创新能力下降等一系列负面效应（张艳等，2022）。因此，对于资源型城市而言，如何在保障经济发展的同时，实现资源的可持续利用和生态环境的保护，成为亟待解决的重要课题。"十四五"时期，国家发展改革委、财政部等相关部门联合印发《推进资源型地区高质量发展"十四五"实施方案》，提出科学把握矿产资源不可再生的自然规律，遵循资源型地区阶段性演进发展的经济规律，有效整合各类生产要素，提高资源配置效率，主动调整优化经济结构，实现资源型地区高质量发展（许磊等，2025）。

2013 年，国务院发布《全国资源型城市可持续发展规划（2013—2020 年）》提出，资源型城市是指因自然资源的开采而兴起或发展壮大的城市，其中资源型产业在工业中占有较大份额。自然资源主要包括矿产资源，如煤炭、石油、金属矿产和森林资源（原国家计委宏观经济研究院课题组，2002)。规划范围包括262个资源型城市，其中地级行政区（包括地级市、地区、自治州、盟等）126个，县级市62个，县（包括自治县、林区等）58个，市辖区（开发区、管理区）16个。资源型城市的主要功能是向社会提供矿产品及其初加工品等资源型产品。从产业结构来说，矿业是城市的主导产业或支柱产业，煤炭资源型城市往往因矿业开发而兴起，随着资源开发的周期、社会经济环境的变化及城市经济结构的转型等方面而表现出不同的发展态势，一部分资源型城市因资源衰竭而衰退甚至消亡，另一部分资源型城市则因为非矿替代产业的发展或关联产业的纵深发展等而不断发展壮大（张秀生和陈先勇，2001）。

煤炭资源型区域作为资源型城市的特定类别，主要依托于煤炭资源开采，同时还包括煤炭洗选、炼焦加工，以及依托煤炭资源的电力生产等能源产业。自然资源部发布数据显示，2022年中国煤炭资源储量为2070.12亿吨，空间分布呈现出“北多南少、西富东贫”的显著地域特征。具体而言，北方地区的煤炭资源储量极为丰富，占全国总储量的90%以上，主要集中在昆仑山—秦岭—大别山以北的区域，形成山西、内蒙古、新疆、陕西、宁夏、河南、黑龙江等地的富煤区域。相比之下，南方地区的煤炭资源相对匮乏，总储量不足全国的10%，主要集中在贵州和云南两省，总储量达到200亿吨以上（高天明等，2013）。

其中，山西省被誉为“煤炭之乡”，煤炭资源极其丰富，煤种齐全，质量优佳，省内煤炭资源主要分布在大同、阳泉、太原、吕梁和长治等地。内蒙古自治区已发现的煤炭储存总量已超过1万亿吨，煤炭资源主要分布在鄂尔多斯市、锡林郭勒盟和呼伦贝尔市。新疆的煤炭预测资源量高达2.19万亿吨，占全国的40%，主要分布在准格尔盆地、吐鲁番－哈密盆地和伊犁盆地等地。黑龙江省是东北老工业基地的重要省份之一，也是我国重要的能源出口省份，工业的主导产业是煤炭、电力，承担着支撑煤炭资源型区域整体经济发展的重要使命，主要分布在除大庆、绥化之外的11个市（地），其中双鸭山市、鸡西市、鹤岗市、七台河市占黑龙江省煤炭资源储量的90%以上（李强等，2024）。黑龙江省煤炭以褐煤、焦煤、气煤为主，鸡西与鹤岗为国家煤炭规划矿区，七台河优质焦煤已被国家列为稀缺煤类，实行保护性开采；褐煤主要分布在佳木斯、宝清、鸡西、黑河；无烟煤主要分布在勃利；双鸭山煤田以长焰煤、气煤为主。2022 年，黑龙江省煤炭工业总产值 644.15 亿元，占油气资源外采矿业总产值 1097.14 亿元的 58.71%（颜丙磊，2024）。具体煤炭资源储量如图 2－1 所示。面对生态环境的日益衰退，煤炭资源型城市煤炭开发与生态系统服务理应协调发展，保证其在生态系统承载能力范围内，实现区域高水平煤炭开发活动。依靠煤炭经济效益为生态环境质量的改善提供物质保障，并通过产业转型、技术升级、人居环境改善、环境治理投资等驱动机制促使煤炭开发与生态系统服务良性互动（Yuan 和 Dong，2024）。这是一个复杂的系统工程，需要多维度、多因素协同配合，从而实现人与自然和谐共生以及经济、社会、生态协调发展（Wang，2023）。

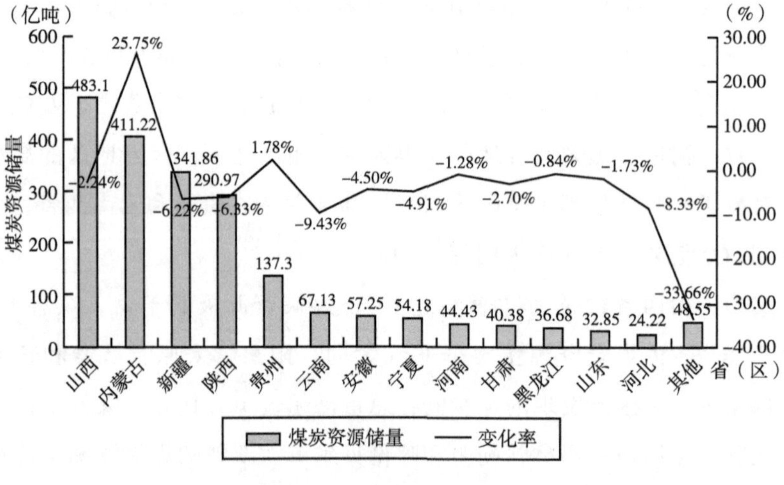

图 2－1　2022 年主要煤炭资源型区域煤炭资源储量和变化率

2.1.3　产业升级

Gereffi 等（1991）首次对"产业升级"的概念进行界定，认为产业升级是指由低附加值链向高附加值链、由利用简单生产要素向利用高级生产要素的转化过程。基于产业链视角，从微观企业、产业层面、区域内及区域间四个层面来定义产业升级。微观层面的产业升级概念，以 Gereffi 的观点为主，他认为产业升级是企业能力提升的过程，是企业生产的产品由劳动密集型转变为资本技术密集型，由低附加值产品转变为高附加值产品的过程。产业升级的基础是企业附加价值的创造，从而实现产业竞争力的提升（向清雨和赵艾凤，2023）。产业层面是指产业价值链上的企业通过提升自身的资源禀赋与能力条件来完成流程、产品、功能以及链条的升级，扩展其价值链活动范围，增加其活动价值增值的程度（Wang 等，2022）。新经济地理学派认为，区域经济体是开放系统，区域内和区域间产业相互影响，一个区域的产业结构升级不仅依赖于自身禀赋，也取决于与之相联系的区域外产业发展（陈堂和陈光，2021）。产业升级的本质在于产业与投入之间的关系在不断加强，即当投入达到一定程度时就能够使产业分工越来越精细化，也能使生产者的知识程度不断上升，进而更好地促进企业生产经营，更能促进更多的投入真正用于产业升级，使产业向更符合时代发展的数字化转型与系统化转型等（Chang，2023）。

随后，Humphrey 等基于 Gereffi 的研究，提出产业结构优化升级是指由低水平、低附加值的低级形态向高新技术、高附加值的高级形态演变的过程或趋势。企业的升级路径通常是从低级至高级逐步推进的，这一过程依次涵盖流程升级、产品升级、功能升级以及部门间升级（操友根等，2024）。流程升级指的是企业通过优化生产流程、提高生产效率和质量控制等手段，来降低成本并增强竞争力。在这一阶段，企业关注的是内部运营的效率和效果。随着流程升级的实现，企业往往会转向产品升级，即通过研发新产品或改进现有产品的功能、外观或性能，来满足消费者日益多样化的需求，从而在市场上获得更大的份额和更高的利润。当产品升级达到一定程度后，企业会进一步追求功能升级，通常意味着企业在产业链中承担更高附加值的任务，如从简单的组装加工向零部件生产、设计甚至品牌运营等方向转变。功能升级要求企业在技术、管理、营销等多个方面实现全面提升，以在更广阔的产业生态中占据有利位置。最终，部门间升级强调企业内部各部门之间的协同与整合，通过打破部门壁垒、促进资源共享和流程优化，实现整体运营效率的提升和价值的最大化（Ren 等，2023）。产业结构升级是经济高质量发展的内在要求和必然选择。资源型城市发展为国民经济建设做出重大贡献。然而，资源型城市过度依赖资源发展经济，长期以资源型产业作为城市经济发展的主导产业，产业结构单一问题突出。资源型城市随着资源逐渐消耗，经济增长乏力，进入发展成熟期。2021 年，《推进资源型地区高质量发展"十四五"实施方案》明确资源型地区必须实现高质量发展，对资源型地区经济转型发展提出思路。因此，资源型城市亟须实现产业结构升级（刘永团等，2024）。

产业升级会出现产业服务化、合理化、智能化和绿色化等四个方面的特征。所谓"产业服务化"，其具体表现是指一个国家或地区的经济形态由原本的工业主导型经济逐步向服务型经济转型的过程，这一转型不仅涉及产业结构的深化调整，还伴随着经济增长动力的转换与发展模式的升级，其本质上体现后工业时代产业结构变迁的核心特征与必然趋势（Su 和 Fan，2022）。产业合理化衡量产业间要素配置的效率水平，着重关注资源在三类产业间的配置，同时度量投入和产出之间的协调程度。产业合理化集中表现为产业组织的合理化和高效化，其基础在于流通过程的改组、产品的规格化、标准化以及加工的专业化（孙凌宇和罗杨帆，2022）。产业智能化是指通过技术创新和信息技术应用，推动传统产业向数字化、网络化、智能化方向转型升级的过程。它涵盖智能制造、人工智能、大数据、云计算等多个领域。产业智能化属于数字经济技术偏向性的重要体现，能够在重复操作的流程性生产中以较低的成本协调生产系统，提高生产效率，避免生产过程中资源的过度使用，提升产品质量和服务水平，从而增强产业竞争力和可持续发展能力。产业智能化转型可在智能纵向集成、横向集成、端到端集成的基础上，降低生产用工与生产能耗，形成绿色低碳生产生活方式（许军，2024）。产业绿色化是实现人与自然和谐共生、高质量发展的必然要求。推进产业绿色化转型、能源绿色低碳化是我国高质量发展的题中应有之义。习近平总书记指出："以经济社会发展全面绿色转型为引领，以能源绿色低碳发展为关键，加快形成节约资源和保护环境的产业结构、生产方式、生活方式、空间格局，坚定不移走生态优先、绿色低碳的高质量发展道路。”绿色转型是我国产业体系转型升级的重要内容，建设现代化产业体系，需要厚植高质量发展的绿色底色，打造绿色低碳产业体系（Bai 等，2023）。

2.1.4 高质量发展

2.1.4.1 高质量发展内涵

2017 年 10 月，在党的第十九次全国代表大会上，“高质量发展”这一概念被正式提出。所谓“高质量发展”，就是按照创新、协调、绿色、开放、共享五大发展新理念，满足人民日益增长的美好生活需要，实现生产要素投入少、资源配置效率高、资源环境成本低、经济社会效益好的可持续发展（王永昌和尹江燕，2019）。可持续发展是高质量发展的基础和前提，高质量发展是实现可持续发展的根本路径，两者相互促进，相依相存。通过提高发展质量和效益，可以减少资源消耗和环境污染，促进经济、社会和环境的协调发展。可持续发展为高质量发展提供方向和目标，确保发展成果的长期性和稳定性（于法稳，2020）。从经济学的基础理论看，质量是指产品能够满足实际需要的使用价值特性。习近平总书记在党的十九大报告中明确指出：“中国稳定解决十几亿人的温饱问题，总体上实现小康，不久将全面建成小康社会，人民美好生活需要日益广泛，不仅对物质文化生活提出更高要求，而且在民主、法治、公平、正义、安全、环境等方面的要求日益增长。”高质量发展的实践成效最终要体现在满足人民日益增长的美好生活需要上，即提高人民生活水平、推进公共服务均等化和完善社会保障体系（Guo 等，2023）。发展质量的高低，最终是以经济发展能否满足人民日益增长的美好生活需要为判断准则的，而美好生活绝不仅是单纯物质上的要求，更多地表现为人的全面发展的要求（金碚，2018）。

高质量发展具有多维性，它不是简单指经济总量和物质财富数量层面的增长，而是包括经济、政治、文化、社会、生态等方面的提升，这些领域都不是孤立存在的，高质量发展要求综合考虑各个领域的需求和影响，实现整体最优。从经济维度来看，它更注重经济增长的质量和效益，追求的是更加全面和均衡的发展（刘志彪，2018）；从社会维度来看，高质量发展关注民生改善和社会公平，强调以人民为中心的发展思想，促进社会和谐是高质量发展的重要目标，强调在教育、就业、医疗、住房等方面的公平性，努力实现全民共享的发展成果（Pan 等，2021）；从生态维度来看，生态文明建设是高质量发展的重要组成部分，它强调绿色发展和可持续发展（Wang 等，2022），不再将环境和生态看作外在的、免费获得的产品，而是看作能够满足人民需求并能够带来福利增加的有价值的产品，通过提升资源利用效率和环境保护，推动人与自然和谐共生。高质量发展的目标包括经济转型、结构调整、动力优化、风险可控、共同富裕及环境优化等（赵剑波等，2019）。在推动经济增长的同时，兼顾社会公平、环境保护，以实现全面协调可持续的发展目标。

2.1.4.2 高质量发展与全要素生产率

高质量发展秉持质量至上、效益优先的原则，代表着一种新型的发展模式。过去我国主要依赖资本、劳动力、资源等生产要素的大量投入，通过扩大规模来实现财富的积累和经济的增长（Ruonan 等，2024）。尽管粗放型增长模式大幅促进中国经济的快速增长，但从长远角度考虑，其驱动力正逐渐衰退且难以持续。面对劳动力成本的不断上涨和资源环境限制的日益严格，无论是国家宏观经济的整体运行，还是企业或个人的微观经济活动，急需探索新的增长动力，以克服传统增长模式动力不足的问题，加速经济转型升级并推动可持续发展。高质量发展模式聚焦提升质量、优化效率及确保供需平衡，它要求产品和服务的供应能够紧密跟随需求升级的步伐（刘丽等，2023）。因此，实现高质量发展，关键在于提升全要素生产率。在经济增速放缓和要素成本提高的背景下，只有提高全要素生产率，才能对冲劳动力成本上升，投资的边际产出才能稳定增长，有助于企业提高盈利水平，积累的风险得到有效释放，促进资源环境压力逐步减缓（王一鸣，2020）。从党的十九大报告中可以看出，中国经济正由高速增长阶段转向高质量发展阶段。这一转变的核心路径是从依赖生产要素投入扩大、不可持续的旧动能，转向主要依靠全要素生产率提升带来的可持续新动能。提升全要素生产率不仅是推进供给侧结构性改革的内在要求，也是提高经济发展质量、保持经济中高速增长的关键所在。全要素生产率的提升是实现经济整体效率提高和可持续发展的核心源泉。所以，提高全要素生产率，实现向高效增长的跃升，是转向高质量发展的主旋律（Chen 等，2022）。

2.1.4.3　高质量发展与新质生产力

高质量发展不再简单地“以生产总值增长率论英雄”，亦不被“短期经济指标的波动所左右”，而是从以规模速度型粗放增长、增量扩能为主的传统经济发展方式向质量效益型集约增长、调存量优增量并举的新型经济发展方式过渡升级，实现经济发展由重“量”到重“质”转变，即产出质量高、经济效益高、社会效益高、生态效益高、经济运行状态好的发展模型（郑志康，2025）。要实现高质量发展，做到“四高一好”，必须以新的生产力理论来指导。高质量发展归根结底是新质生产力的发展，核心要义是“以新促质”，以创新驱动高质量发展（徐政等，2023）。新质生产力的蓬勃兴起，标志着中国经济的深刻变革，不仅带来新型生产方式、尖端科学技术的广泛应用，还催生众多新兴产业形态，为我国经济的转型升级提供前所未有的机遇（Lin 等，2024）。面对这一历史性的转变，培育新质生产力的理念应运而生，它强调从数量追赶转向质量追赶，从规模扩张转向结构优化，从要素驱动转向创新驱动（丁志帆，2020）。中国经济在由高速增长阶段向高质量发展阶段转型的过程中，一方面，发展方式从传统的粗放型增长转向依靠技术进步和劳动者素质提升的集约型增长

(任保平，2018)，这种转变有助于解决资源消耗大、效益低等问题。另一方面，产业结构从劳动、资源密集型向知识技术密集型转变，不仅可以提高劳动生产率，还促进了新兴产业的发展，推动产业结构向高技术、高附加值的方向演进。此外，增长动力从要素驱动向创新驱动转变（金乐琴，2018)，传统上，经济增长依赖于劳动力、资本和资源的投入，但随着这些要素的边际效益递减，创新驱动成为经济增长的新动力（李民吉，2012)。

2.2 理论基础

2.2.1 数字经济增长理论

数字经济是由美国经济学家 Don Tapscott（1997）首次提出的概念，它包括新经济、新企业和新技术，以及它们之间的有效互动。数字经济是一种以知识储备和数据为基础的经济形态，通过与产业相结合，并利用不断发展的大数据、人工智能等技术作为动力，推动经济的持续发展。它涵盖信息化三个阶段的演变：数字化、网络化和智能化（孟方琳等，2020）。从不同研究视角来看，学者们对数字经济的理解存在差异。产业发展视角下，数字经济包含数字产业化和产业数字化；治理视角下，数字经济包括政府数字化治理与资源治理数字化。中国信息通信研究院在此基础上进一步拓展，将数字经济分为数据价值化、数字产业化、产业数字化和数字化治理四个方面（韩凤芹和陈亚平，2022)，这为本书提供分析数字经济的基本框架和理论基础。其中，中国信息通信研究院发布《中国数字经济白皮书（2020)》界定了"数据价值化"概念，即数据资源化、数据资产化、数据资本化，数据资本化最终形成数据价值化。数据价值化通过促进数据要素流通交易，影响产业跨界融合，从更大范围、更大程度上对经济高质量增长产生更大的作用（乔彬等，2024)。数字产业化包括两个方面：

一是数字技术自身发展形成的产业，如软件和信息技术服务业、计算机通信和其他电子设备制造业等；二是数字技术广泛应用于数据、信息和知识的加工处理所形成的产业，如各类电商平台、搜索平台、数字政务、数字金融等（马费成等，2024）。产业数字化是指依托云计算、大数据、人工智能、物联网等新一代数字信息技术，通过数据赋能，推动传统产业链上下游全要素向数字化、智能化迭代的过程（Papadopoulos 等，2022）。数字化治理是指大数据、人工智能、物联网、数字孪生等新技术在公共管理中的广泛应用和深度嵌入，有力地推动公共管理的数字化，实现公共管理的数字化、网络化和智能化（王锋，2023）。

从古典经济增长模型的角度来分析数字经济增长理论，该理论以劳动价值论为基石，强调劳动分工对提升劳动生产率和推动经济增长的关键作用。同时，它还剖析财富增长的要素，并提出收入分配的理论，将收入清晰地划分为土地地租、劳动工资和资本利润三个部分。经济学领域在探索经济增长的机制与途径时，因受到土地与劳动边际生产力递减规律及“自然工资”决定机制的启发，催生了一场具有里程碑意义的“边际革命”，这一革命遂成为新古典经济学研究经济增长的初始理论点（孙祁祥和周新发，2020）。新古典经济增长模型在继承古典经济增长模型的基础上，更加注重资本积累、劳动力和技术进步对经济增长的贡献。索罗斯旺模型等新古典经济增长模型，在假设完全竞争的市场环境中，对各种经济条件、投入要素及其相互作用的机制进行严密的逻辑分析。这些模型表明，在稳定状态下，经济的增长率主要受制于如人口增长率等外界不可控因素。若缺乏外部推动力，经济系统将难以维持持续的增长态势。特别是在不存在技术进步的情况下，经济体最终可能会步入停滞不前的状态（柳卸林等，2017）。索罗斯旺模型作为经济增长理论的一个基准模型，为后续的内生经济增长模型奠定了基础。内生经济增长模型是在索罗斯旺模型的基础上发展起来的，它将原本外生的技术进步因素“内生化”，从而强调技术进步在推动经济增长中的决定性作用。这种模型认为，技术进步能够促使资本和劳动力的边际报酬实现稳定增长。在数字经济时代，生产生活方式和价值创造模式经历深远的变革。数据作为一种新兴的生产要素，与传统的劳动力、资本等要素深度融合，催生出全新的生产方式和经济形态（宗良等，2022）。这种融合主要体现在以下两个方面：一方面，数据的收集、存储、处理和分析过程与劳动相结合，形成知识，并将其应用于企业的管理和决策中；另一方面，数字基础设施和数字技术的发展依赖于资本投入，数字技术与资本的结合形成数字化资本，进而促使数据成为重要的生产要素。数据作为一种“黏合剂”，全面渗透到劳动与资本等传统生产要素中，促进要素之间的连接和流通，从而构建一体化的要素体系（李海舰和赵丽，2021）。

2.2.2 产业融合发展理论

Rosenberg（1963）最早提出“技术融合”概念。这个概念描述的是不同产业间技术的扩散现象。技术融合可以分为两种主要类型：完全融合和部分融合。完全融合指的是两个或多个技术完全结合，形成全新的产品，并最终取代原有产品的市场需求。部分融合则是指两个或多个技术部分重叠和交叉，形成的新产品（产业）部分替代原有产业的市场需求，同时与原有产品之间保持既替代又互补的关系。学术界对产业融合的研究正是起源于技术融合，随后由于技术创新和市场化进程的推动，原本独立产业间的技术、产品和市场逐渐融合，最终重构或催生出全新的产业（赵玉林等，2019）。产业融合是信息技术的出现而导致的产业之间的交叉，因此产业融合概念最早只局限于信息产业，以“新工业革命”“大数据”“物联网”等为标志，互联网经济的发展使得产业边界变得模糊（张伯旭和李辉，2017）。随着学者们对产业融合理论的不断探索，产业融合的定义也形成相对统一的观点，即产业融合是指不同产业或同一产业中不同行业之间彼此渗透、相互交织，最终融为一体逐步形成新产业的动态发展过程（石璋铭和杜琳，2022）。

产业融合发展实现从技术创新升级到技术应用深化的转变，对产业绩效、产业结构和产业创新效率等方面产生影响（李莹和程广斌，2023）。

产业融合与信息技术发展过程中的数字技术密不可分。基于数字技术实现产业融合，其关键技术是对数据资源的挖掘与利用，其本质是以大数据、云计算、物联网、人工智能、区块链等新兴技术引领数字化转型（陈晓红，2018）。从创新变革视角看，数实融合有助于拓展企业知识宽度，提升技术创新质量，从而提升企业全要素生产率；从竞争能力强化视角看，数实融合能够强化企业对融合技术扩散的吸收能力，提升产品竞争力，从而提升企业全要素生产率（黄先海和高亚兴，2023）。制造业充分利用数字技术，从研发设计、生产制造、经营管理、市场服务等环节，以数字化方式提升原有商业模式、运营模式、管理模式和组织结构，从而实现增加价值和提升效率的目标（王晓红等，2023）。产业融合推动制造业部门的转型，从单项业务转变为多业务综合集成，从单一企业竞争转变为产业链协同竞争，从局部流程优化转变为全业务流程再造，从单一产品供给转变为一体化产品组合，这些转变帮助制造业超越单一的加工组装环节，提升产品的价值溢价和技术含量（杜传忠和管海锋，2021）。

2.2.3　资源诅咒理论

自 20 世纪 80 年代以来，学者们指出，如果一个国家或地区仅仅依赖其资源禀赋来发展相关产业，则非但不能推动经济增长，反而会减缓经济增速并破坏生态环境，这种现象被定义为“资源诅咒”（李婉红和李娜，2021）。根据相关研究，“资源诅咒”影响经济增长的传导机制主要有“荷兰病”、寻租、政府决策失误以及人力资本投资等，而对传导机制的研究中最为认可的是“荷兰病”效应（Gylfason，2021）。“荷兰病”是指本国资源产业繁荣带来收入水平提高，从而增加对进口商品和国内服务业的需求，资源产业和国内服务业的过度繁荣造成国内制造业资源被挤占，制造业萎靡不振。此外，丰富的自然资源还会引发贪婪的寻租现象，滋生腐败，进而弱化制度质量，制约地区经济增长（郑辉等，2022）。在资源丰裕地区，采矿业的繁荣增加对本地劳动力的需求。劳动力跨地区流动受到限制，导致当地工资水平上升，劳动力成本增加，这不利于当地制造业的发展。制造业能够通过“干中学”和技术溢出效应提高地区生产率，因此，无论是在国家层面还是地区层面，制造业部门的衰退都会对经济增长产生不利影响（王丽艳等，2023）。

资源依赖也会影响技术进步水平。资源型产业的高收益率吸引潜在创新者和企业家从事初级产品生产活动，导致经济体创新能力下降（田颖和刘林，2019）。郑婷婷等（2019）测算2003—2017年我国285个地级及以上城市的绿色全要素生产率（GTFP），分析信息技术在资源依赖与GTFP关系中的作用，并指出资源产业的过度发展阻碍当地的信息化进程。煤炭和矿产资源的开采与加工行业通常信息化水平较低，技术创新效率也不高，这些行业的信息化建设滞后，严重拖慢中国工业部门向“高信息化、高创新”融合模式迈进的步伐。

学术界还普遍存在另一种论点，即“资源诅咒”效应的出现是有条件的，“资源诅咒”与“资源福音”可能同时存在，并且两者之间存在着一定的转换机制。李婉红和李娜等（2021）以116个资源型城市为研究样本，提出自然资源丰裕度对产业结构合理化和高度化均呈现显著的促进作用，表明“资源诅咒”实为“依赖型资源诅咒”而非“丰裕型资源诅咒”。丰裕的自然资源并非导致资源型城市产业结构转型滞缓的根源，只有在过度依赖自然资源发展资源型产业时，才易引发“资源诅咒”现象。长期以来，“资源诅咒”是困扰发展中国家经济增长的重要问题，也引起专家、学者的广泛关注。实现“资源福音”要推动产业结构转型升级，通过配套的措施促进采掘业关联产业的发展，努力培育新的优势产业（刘继兵等，2022），进而打破资源诅咒，为促进区域间绿色协同发展提供理论和实践支撑（王丽艳等，2021；徐昊等，2022）。

2.2.4 可持续发展理论

可持续发展理论经历较长的演化和发展过程，它起源于针对资源环境和经济增长缓慢等一系列问题的反思，人们对其的认识经历从“增长理论”到“发展理论”再到“可持续理论”的过程（李寒冰等，2022）。1962年，美国女生物学家 Rachel Carson（2009）发表名为《寂静的春天》的环境科普著作，这部作品在全球范围内激起关于发展观念的广泛讨论。1987年，以挪威首相 Gro Harlem Brundtland 为首的联合国世界与环境发展委员会在报告《我们共同的未来》中，正式界定“可持续发展”的概念，即“满足当前世代的需求，同时不损害未来世代满足自身需求的能力”。从可持续发展的角度而言，人类社会大致经历以下四个阶段：第一阶段是原始社会超低级可持续发展阶段，这一时期生产力发展速度极其缓慢，生活资料远远满足不了当时人们的需求。第二阶段是农耕时代的低级可持续发展阶段，这一时期生产力发展依然十分缓慢，但与原始社会相比已经有些许进步，资源利用处于自然可循环状态，呈现出低增长、低污染的低级可持续发展特征。第三阶段是工业时代的不可持续发展阶段，这一时期机器大工业深度发展和广泛应用，科技革命引发的产业革命，极大地解放了生产力，人类摆脱对自然的依赖，生产和消费不受自然光照和空间地域的限制。第四阶段是新科技革命时代的可持续发展阶段，这一时期的标志性特征是人工智能、量子信息、移动通信、物联网、区块链等被广泛使用，保护环境成为越来越多国家和地区的共识（Van 等，2022）。

从《里约宣言》到《二十一世纪议程》再到《2030年可持续发展议程》，可持续发展的具体目标不断深化，学者们从不同角度将可持续发展理论概括为以下三个方面：经济可持续发展、生态环境可持续发展和社会可持续发展。综合国内外学者对于经济可持续发展所提的不同定义，经济可持续发展至少包括四个内容：一是经济可持续发展必须处于生态环境承载力之内，也就是说要在保证自然资源和生态环境质量和数量的前提下发展经济，达到资源环境与经济发展的协调；二是经济可持续发展并不否定经济增长，但要重新审视实现经济增长的方式；三是经济发展要考虑代际之间的平衡，也就是说，当代人的经济发展不能够挤占后代人所应拥有的资源基础；四是经济可持续发展的最终目标是提高人类的福利水平，驱动社会的全面进步（Popkova等，2022）。生态可持续发展是指自然资源及其开发利用不超越生态环境系统更新能力的发展，可持续生态学致力于保护和修复环境，减少资源消耗和污染排放，提高生态系统的健康状况（张盛等，2024）。社会可持续发展是指在满足当代人们的需求，又不牺牲后代人的需求的同时，尽可能地节约和保护自然资源、改善生态环境，提升社会绩效和公平性，保持物质生活合理水平的发展路径。生态安全价值是经济和社会可持续发展的前提（Ching等，2022）。经济、生态和社会三者之间不是孤立的，而是相互联系、相互制约又相互促进的共生系统，其共同目标是不以牺牲后代的利益来满足当代人的需要。

2.3 本章小结

本章界定了研究内容涉及的核心概念，并通过相关理论的梳理为后文研究奠定坚实的理论基础。首先，"数实融合"指的是数字经济与实体经济深度融合的现象与趋势。在融合过程中，信息技术、大数据、人工智能等前沿科技成为连接传统产业与新兴产业的"桥梁"，旨在推动经济结构优化、产业升级以及创新能力的提升。对于煤炭资源型区域而言，数实融合不仅意味着技术层面的革新，更是其实现转型升级、摆脱资源依赖、迈向高质量发展的关键路径。其次，"煤炭资源型区域"通常拥有丰富的煤炭资源，但也因此面临产业结构单一、资源枯竭风险、环境污染严重等问题。如何实现从资源依赖型经济向创新驱动型经济的平稳过渡，成为煤炭资源型区域亟须应对的核心挑战。"高质量发展"作为区域发展的目标与方向，强调经济发展不仅要追求速度和规模，更要注重质量、效率和可持续性。煤炭资源型区域要在保障经济增长的同时，推动产业结构优化升级，加强生态环境保护，促进社会公平正义，实现经济、社会、环境的全面协调可持续发展。

在理论基础构建方面，数字经济增长理论作为数实融合的重要理念来源，强调信息技术在推动经济增长中的关键作用，为煤炭资源型区域如何利用数字技术促进产业升级提供理论指导。产业融合发展理论指出，不同产业间的交叉融合可以创造新的经济增长点，这为煤炭资源型区域探索多元化发展路径提供理论支撑。同时，资源诅咒理论与可持续发展理论共同构成对煤炭资源型区域高质量发展路径深入探索的重要框架。资源诅咒理论强调，过度依赖自然资源可能导致经济增长停滞、社会冲突加剧等负面效应，而可持续发展理论则倡导经济发展必须兼顾环境保护和社会福祉，确保资源的高效、循环利用，这为煤炭资源型区域的长期繁荣提供理论指导和实践路径。

综上所述，本章通过对核心概念的界定和理论基础的梳理，不仅明确研究的方向和重点，也为后续章节深入分析数实融合驱动煤炭资源型区域高质量发展的机制和实现路径奠定了坚实的基础。

第3章

煤炭资源型区域高质量发展驱动因素及分析

3.1　煤炭资源型区域高质量发展驱动因素分析

在“双碳”目标背景下，煤炭资源型区域面临着经济压力、资源枯竭和环境污染等问题，立足数字经济时代，煤炭资源型区域谋求高质量发展至关重要。数字经济与产业升级作为两大关键驱动因素，正为煤炭资源型区域注入新的活力与机遇。数字经济以其强大的创新力和渗透力，在煤炭资源型区域的智能化开采、供应链优化以及环境治理等方面发挥着重要作用。产业升级通过推动煤炭产业向高端化、多元化、绿色化方向发展，为区域经济的可持续增长奠定坚实基础（刘国斌和崔明月，2022），两者相互促进、相辅相成，共同助力煤炭资源型区域实现高质量发展。

3.1.1　数字经济是煤炭资源型区域高质量发展的外在拉动力

在当今时代，数字经济以其蓬勃发展之势，正逐渐成为推动各领域变革与进步的强大力量。数字经济具有高创新性、强渗透性和广覆盖性，已逐步渗透于煤炭资源型区域高质量发展之中，成为关键的外在拉动力，主要体现在以下几个方面（图3-1）。

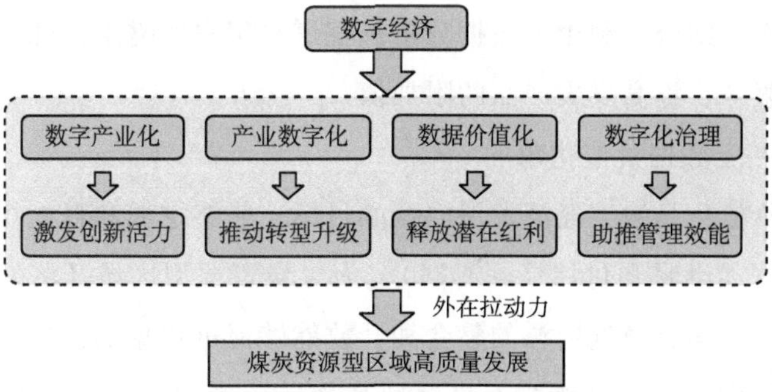

图3-1　数字经济是煤炭资源型区域高质量发展的外在拉动力框架图

（1）基于数字产业化角度。

数字产业化能够培育和发展新兴的数字产业，为区域经济注入新的活力。一方面，信息技术产业的发展为煤炭产业提供先进的技术支持，软件开发企业可以为煤炭企业定制智能化开采软件、供应链管理系统，提高煤炭生产和管理的效率（曾刚和胡森林，2021）。同时，电子信息制造业的发展也为煤炭资源型区域带来新的产业机遇，智能传感器、工业机器人等设备的生产制造，可以应用于煤炭开采、加工等环节，提升煤炭产业的自动化和智能化水平。另一方面，数字内容产业的兴起为煤炭资源型区域的文化传播和品牌建设提供新的渠道。通过数字媒体、网络游戏等形式，可以将煤炭资源型区域的历史文化、自然风光等特色资源进行数字化展示和传播，提升区域的知名度和美誉度。

（2）基于产业数字化角度。

产业数字化是数字经济与实体经济融合发展的关键，能够推动煤炭资源型区域产业结构升级，提高产业竞争力（冯素玲和许德慧，2022）。一方面，主体煤炭产业的数字化改造能够提升生产效率和质量，通过引入物联网、大数据、人工智能等技术，实现煤炭开采、加工、运输等环节的智能化管理和精准控制，利用传感器实时监测煤矿井下的环境参数和设备运行状态，通过大数据分析优化开采工艺和设备维护方案，提高煤炭生产的安全性和可靠性。另一方面，煤炭产业的数字化延伸能够拓展产业链和价值链，通过发展煤炭电商平台，整合煤炭供应链资源，实现线上交易和线下服务的有机结合，利用大数据分析挖掘煤炭用户的需求，开展个性化定制和增值服务，提高煤炭产品的附加值。

（3）基于数据价值化角度。

数据价值化是数字经济发展的核心目标，能够挖掘和释放煤炭产业的数据价值（胡继晔和付炜炜，2024），为煤炭资源型区域经济发展提供新的动力。一方面，数据资源的整合和开放能够促进数据的流通和共享，建立产业数据中心，整合煤炭企业、科研机构、政府部门等各方的数据资源，实现数据的统一管理和开放共享，通过数据交易平台，促进数据资源的市场化流通，激发数据创新应用的活力。另一方面，数据分析和应用能够创造新的商业价值和社会价值，基于大数据分析煤炭市场的供求关系和价格趋势，为煤炭企业的生产经营决策提供参考，利用数据分析煤炭开采对环境的影响，为环境保护和生态修复提供科学依据。

（4）基于数字化治理角度。

数字化治理能够提升煤炭资源型区域政府的管理效能和服务水平（唐将伟和谢延璐，2024），为区域发展创造良好的环境。一方面，数字化政务服务能够提高政府的办事效率和透明度，通过建设政务云平台、电子政务系统等，实现政务服务的在线办理和一站式服务，数据的开放共享也能够促进社会创新和监督，提高政府决策的科学性和民主性。另一方面，数字化社会治理能够提升社会管理的精准度和协同性。利用大数据分析和人工智能技术，实现对社会治安、安全生产、环境保护等领域的实时监测和预警，提高社会管理的效率和质量。通过建设数字化社区平台，促进居民之间的交流和互动，提升社区治理的水平。

综上所述，数字经济作为煤炭资源型区域高质量发展的外在拉动力，通过数字产业化、产业数字化、数字化治理和数据价值化四个方面，为区域经济带来新的机遇和挑战，煤炭资源型区域应积极拥抱数字经济，加快数字化转型步伐，实现高质量发展。

3.1.2　产业升级是煤炭资源型区域高质量发展的内在推动力

煤炭资源型区域发展由于过度依赖煤炭资源，反而出现经济增长缓慢、社会问题频发以及环境恶化等一系列“资源诅咒”现象。随着全球经济结构和产业结构的调整，产业升级无疑是推动煤炭资源型区域摆脱现实困境，从资源依赖型向创新驱动型、生态友好型转变，进而成为驱动煤炭资源型区域高质量发展的内在推动力，主要体现在以下几个方面（图 3－2）。

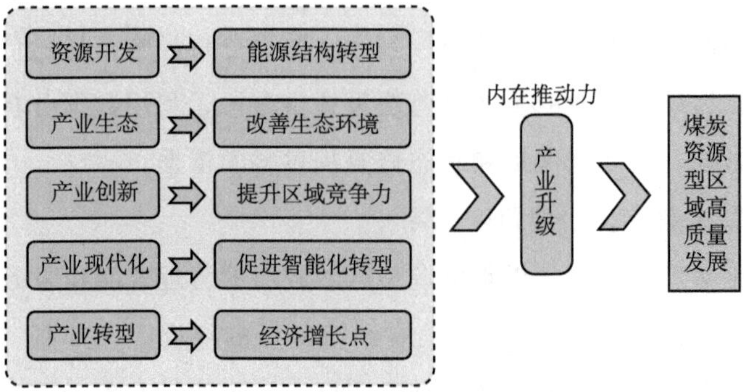

图 3-2 产业升级是煤炭资源型区域高质量发展的内在推动力框架图

(1) 从资源开发角度。

资源开发能够拓展煤炭资源型区域多元化发展路径，降低对单一煤炭产业的依赖，提高经济的稳定性和抗风险能力，进而实现产业升级。一方面，在煤炭开采的基础上，通过发展煤炭洗选、焦化、煤化工等产业，提高煤炭产品的附加值，实现煤炭资源的高效利用。同时，结合区域的资源优势和产业基础，发展新能源、新材料、高端装备制造等战略性新兴产业，依托煤炭产业的技术和人才优势，发展碳纤维、石墨烯等新材料产业(程超等，2024)。另一方面，加快发展物流、金融、科技服务等现代服务业，为煤炭产业和新兴产业提供配套服务，为企业提供多元化的融资渠道。

(2) 从产业生态角度。

产业生态是煤炭资源型区域实现产业升级的关键环节，可以实现资源的高效利用、环境的保护和经济的可持续发展（张杰和包佳瑶，2024）。通过推广煤炭清洁利用技术，提高煤炭资源的利用率，减少环境污染，基于加强环境保护和生态修复，推广节能减排技术，降低产业发展对环境的影响，实现矿产资源开发与生态环境保护的协调发展（刘晓康，2022），通过加强煤炭产业与其他产业之间的协同合作，实现资源共享、优势互补。

（3）从产业创新角度。

产业创新能够提升煤炭资源型区域核心竞争力。一方面，建立以企业为主体、市场为导向、产学研相结合的科技创新体系，加大对煤炭产业关键技术和共性技术的研发投入。鼓励企业开展技术创新、管理创新和商业模式创新，支持企业建设创新平台，提高企业的自主创新能力（余江等，2024）。另一方面，通过制定优惠政策，加强人才培养和引进；通过加强与高校、科研机构的合作，培养适应产业发展需求的专业技术人才。

（4）从产业现代化角度。

通过推动产业现代化，煤炭资源型区域可以提高产业的发展质量和效益（李真，2023；宋培等，2024），实现经济的可持续发展。一方面，推进产业智能化建设，加大对人工智能、大数据、物联网等新一代信息技术的应用，通过制定和完善煤炭产业的标准体系，提高产业的规范化和标准化水平。另一方面，提升产业品牌化水平，培育具有较高知名度和美誉度的煤炭品牌，提高煤炭产品的品牌价值和市场竞争力。

（5）从产业转型角度。

文旅发展成为拓展煤炭资源型区域发展的新空间，通过推动文化旅游与煤炭产业的融合发展，实现经济的多元化发展。一方面，挖掘煤炭文化资源，基于煤炭产业的历史文化、工业文化和红色文化，打造具有特色的煤炭文化旅游品牌，展示煤炭产业的发展历程和文化内涵。另一方面，发展煤炭工业旅游，利用煤炭企业的生产设施、矿区环境等资源，开发体验旅游项目，将煤炭文化旅游与乡村旅游、生态旅游等相结合，打造综合性的文化旅游产业体系。

综上所述，从拓展多元化的产业开发到构建可持续发展的产业生态，从激发核心竞争力的产业创新到推动高质量发展的产业现代化，再到拓展发展新空间的产业转型，不仅能够重塑煤炭资源型区域的产业结构，提升经济发展的质量与效益，还能为区域的可持续发展开辟崭新的路径，带来前所未有的机遇与挑战。

3.2 研究设计

3.2.1 构建指标体系

（1）数字经济发展评价指标体系。

考虑到评价体系的完整性，本研究从数字产业化、产业数字化、数据价值化以及数字化治理4个维度13个指标来评价数字经济发展水平，如表3-1所示。

表3-1　数字经济发展指标体系

系统	维度	分类	指标	单位	指标属性
数字经济	数字产业化	数字化基础	移动电话用户	万户	正
			互联网宽带接入用户	万户	正
		数字化发展	信息传输、软件和信息技术就业人员	人	正
	产业数字化	邮电业务发展	邮政业务总量	亿元	正
			电信业务总量	亿元	正
		科教技术投入	科学技术支出	万元	正
			教育支出	万元	正
			研究与实验（R&D）经费支出	万元	正
	数据价值化	规模以上	规模以上工业企业数	个	正
		工业企业	规模以上工业企业利润总额	万元	正
	数字化治理	数字金融发展	数字金融覆盖广度	%	正
			数字金融使用深度	%	正
			普惠金融数字化程度	%	正

（2）煤炭资源型区域产业升级指标体系。

从资源开发、产业生态、产业创新、产业现代化和产业转型5个维度设置11个指标，如表3-2所示。其中，采用泰尔指数来评估产业结构合理化程度，计算公式如下：

$$theil_{i,t} = \sum_{m=1}^{3} [y_{i,m,t}\ln(y_{i,m,t}/l_{i,m,t}] \qquad m = 1,2,3 \tag{3-1}$$

其中，$y_{i,m,t}$ 表示 i 地区第 m 产业在 t 时期占地区生产总值的比重，m 表示 i 地区第 m 产业在 t 时期从业人员占总就业人员的比重。产业结构泰尔指数是对中国三大产业的产值结构及人员就业结构的反映：若该值为0，说明产业结构处于均衡水平；若不为0，说明产业结构偏离均衡状态，产业结构不合理（苏屹等，2023）。

表3-2　　煤炭资源型区域产业升级指标体系

系统	维度	分类	指标	单位	指标属性
产业升级	资源开发	资源开采	规模以上工业总产值/工业用电量	万元/(kW·h)	正
	产业生态	能源消耗	液化石油气全年供气总量	吨	逆
		工业废物排放	工业废水排放量	万吨	逆
			工业二氧化硫排放量	吨	逆
			工业烟粉尘排放量	吨	逆
	产业创新	创新投入	研发投入强度	%	正
		创新意识	专利申请量	件	正
	产业现代化	结构模式	产业结构合理化	%	正
			产业结构高级化	%	正
	产业转型	旅游发展	接待游客人数	万人	正
			旅游总收入	亿元	正

3.2.2　数据来源

研究选取2012—2021年相关数据，数字普惠金融指数来源于《北京大学数字普惠金融指数（2011—2022年）》，其他指标原始数据来源于《中国城市统计年鉴》、各地级市（州）统计年鉴及国民经济和社会发展统计公报，缺失数据通过TREND函数法予以补充（陈小江，2022）。

3.2.3 样本范围

根据国务院印发的《全国资源型城市可持续发展规划（2013—2020)》，考虑到数据的可获得性，选取35个煤炭资源型区域作为研究对象，共涉及13个省份，其城市分别为唐山、邢台、邯郸、大同、朔州、阳泉、长治、晋城、乌海、赤峰、鄂尔多斯、阜新、抚顺、铁岭、葫芦岛、长春、辽源、通化、白山、鹤岗、双鸭山、七台河、鸡西、徐州、宿州、淮北、淮南、萍乡、枣庄、济宁、焦作、鹤壁、平顶山、六盘水、铜川。

3.2.4 评价模型及步骤

3.2.4.1 熵权法

本研究基于熵权法进行客观综合评价，根据指标信息熵的大小对指标客观赋值（黄仁全和董娟，2023），避免人为主观因素。信息熵越小，代表指标离散程度越大，包含信息多，被赋予权重越大，构建具体模型及步骤如下：

第一，对原始数据进行标准化处理。消除数据之间差异对综合评价结果造成的影响，采用极值法对原始数据进行无量纲化处理，公式如下：

正向指标： $$X_{ij} = \frac{x_j - x_{\min}}{x_{\max} - x_{\min}} \tag{3-2}$$

负向指标： $$X_{ij} = \frac{x_{\max} - x_j}{x_{\max} - x_{\min}} \tag{3-3}$$

式中，x_j 为第 j 项指标值，$x_{\min}$ 为第 j 项最小值，$x_{\max}$ 为第 j 项最大值。

第二，对各项指标进行比重处理，公式如下：

$$W_{ij} = \frac{x_{ij}}{\sum_{i=1}^{m} x_{ij}} \tag{3-4}$$

第三，计算各项指标熵值，公式如下：

$$E_j = -\frac{1}{\ln m}\sum_{i=1}^{m} w_{ij}\ln w_{ij} \tag{3-5}$$

第四，利用信息熵的价值系数来确定指标权重大小，价值系数越高，则指标的权重就越大，最后得到各项指标权重，公式如下：

$$C_j = \frac{1-e_j}{\sum_{j=1}^{n} 1-e_j} \tag{3-6}$$

第五，计算各级指标评价指数，公式如下：

$$\sum_{j=1}^{n} c_j x_{ij} \tag{3-7}$$

基于上述公式计算各个地级市（州）数字经济指数和煤炭资源型区域产业升级指数，具体公式如下：

$$E_{digi} = \sum_{j=1}^{n1} C_j X_{ij} \tag{3-8}$$

$$E_{criu} = \sum_{j=1}^{n2} C_j X_{ij} \tag{3-9}$$

其中，i 和 j 分别为地级市（州）序号和指标序号，C_j 为指标的组合权重，X_{ij} 为标准化指标值，n_1 和 n_2 分别为数字经济和煤炭资源型区域产业升级的指标个数。

3.2.4.2 空间关联测度

为揭示其空间关联规律，利用空间自相关模型度量空间数据的分布特征和相互关系。

（1）全局空间自相关。

对整个研究区域的空间数据进行综合测度的指标，明晰煤炭资源型区域数字经济与产业升级发展综合得分的空间关联程度，公式如下：

$$I = \frac{n\sum_{i=1}^{n}\sum_{j=1}^{n} w_{ij}(x_i-\bar{x})(x_j-\bar{x})}{\sum_{i=1}^{n}\sum_{j=1}^{n} w_{ij}\sum_{i=1}^{n}(x_i-\bar{x})^2} \tag{3-10}$$

（2）局部空间自相关。

对研究区域中不同地区或单元的空间数据进行分析，用于反映每个地区或单元与其周围区域之间的空间差异程度和显著性，公式如下：

$$I_i = \frac{(x_i - \bar{x})\sum_{j=1}^{n} w_{ij}(x_j - \bar{x})}{\frac{1}{n}\sum_{i=1}^{n}(x_i - \bar{x})^2} \tag{3-11}$$

式中，I 为全局莫兰指数，I_i为局部莫兰指数，n 为研究范围内全国35个煤炭资源型（区、市）；x_i和x_j是第 i 个和第 j 个要素的属性值，$\bar{x}$是属性值的平均数，w_{ij}是空间权重矩阵。若 $I>0$，则研究区域存在正相关关系；若$I<0$，则研究区域存在负相关关系；若 $I=0$，表明不存在相关关系。

3.2.4.3 核密度估计

本研究采用核密度估计方法分析煤炭资源型区域数字经济发展与产业升级发展的曲线分布位置及动态演变趋势。计算公式如下：

$$f_h(x) = \frac{1}{n}\sum_{i=1}^{n} K_h(x - x_i) = \frac{1}{nh}\sum_{i=1}^{n} K\left(\frac{x - x_i}{h}\right) \tag{3-12}$$

3.2.4.4 Dagum 基尼系数

本研究采用Dagum 基尼系数分析煤炭资源型区域数字经济发展与产业升级发展综合得分的地区差异及来源，总体差距由区域内差异（G_w）、区域间差异（G_{nb}）与超变密度（G_t）构成。其表达式为：

$$G = \frac{\sum_{j=1}^{k}\sum_{h=1}^{k}\sum_{i=1}^{n_j}\sum_{r=1}^{n_h}|y_{ji} - y_{hr}|}{2n^2\mu} \tag{3-13}$$

$$G = G_w + G_{nb} + G_t \tag{3-14}$$

其中，n 表示城市数量；k 表示地区个数；μ 表示所有城市数字经济或产业升级发展综合得分的平均值；n_j（n_h）是区域 j（h）内的城市个数；y_{ji}（y_{hr}）是任意城市的数字经济发展或产业升级发展综合得分。

3.2.4.5 二次指派程序（QAP）

本研究基于QAP方法构建关系数据计量模型，进一步分析煤炭资源型区域数字经济发展与产业升级发展空间差异的影响因素，公式如下：

$$Y = \beta_0 + \beta_1 X + U \tag{3-15}$$

其中，β_0、β_1 为截距项和待估系数；Y 为数字经济发展或产业升级发展地区差异矩阵，X 为影响因素的差异矩阵；U 为随机误差项。

3.3 数字经济发展综合评价、分布动态及区域差异

3.3.1 数字经济发展综合评价

基于我国35个煤炭资源型地区2012—2021年的时间序列数据，采用熵权法测算煤炭资源型区域数字经济体系的指标权重，如表3－3所示，并依据求出的综合得分对各个地区数字经济发展水平进行综合评价。

表3－3　数字经济发展指标权重

维度	分类	指标	信息熵值E_j	信息效用值	权重系数C_j
数字产业化	数字化基础	移动电话用户	0.6859	0.3140	0.2045
		互联网宽带接入用户	0.6099	0.3900	0.2540
	数字化发展	信息传输、软件和信息技术就业人数	0.8954	0.1045	0.0680
产业数字化	邮电业务发展	邮政业务总量	0.8729	0.1270	0.0827
		电信业务总量	0.9477	0.0522	0.0340
	科教技术投入	科学技术支出	0.9001	0.0998	0.0650
		教育支出	0.9294	0.0705	0.0459
		研究与实验发展（R&D）经费支出	0.8465	0.1534	0.0999

续表

维度	分类	指标	信息熵值E_j	信息效用值	权重系数C_j
数据价值化	规模以上工业企业	规模以上工业企业数	0.9313	0.0686	0.0447
		规模以上工业企业利润总额	0.9036	0.0963	0.0627
数字化治理	数字金融发展	数字金融覆盖广度	0.9767	0.0232	0.0151
		数字金融使用深度	0.9779	0.0220	0.0143
		普惠金融数字化程度	0.9867	0.0132	0.0086

采用熵权法计算我国35个煤炭资源型区域数字经济发展水平综合得分，从表3-4可以看出，10年间各地区数字经济发展水平稳步提升，但是地区差异明显。徐州、长春与唐山综合得分较高，并在2021年均超过0.55，在煤炭资源型区域中数字经济发展水平较为领先。

邢台、邯郸、宿州、枣庄、济宁、平顶山的综合得分均值保持在0.1上下，属于我国煤炭资源型区域数字经济发展水平的第二梯队，具有较大的发展潜力。近年来，随着数字化进程的迅猛推进，华北地区煤炭资源型区域产业结构进一步优化，数字经济的支撑作用在不断增强。山西、贵州、河南、江西、内蒙古，以及辽宁、黑龙江、吉林等西部和东北部的煤炭资源型区域综合得分均低于0.1。由于缺乏与数字经济发展相适应的技术禀赋和数字化基础，西部和东北部的煤炭资源型区域数字经济发展水平仍面临着较多的发展困境。

表3-4　　数字经济发展综合得分

城市	2012年	2013年	2014年	2015年	2016年	2017年	2018年	2019年	2020年	2021年	平均值
唐山	0.1550	0.1598	0.1697	0.1655	0.1784	0.1949	0.2295	0.2436	0.2781	0.5584	0.2333
邢台	0.0567	0.0681	0.0707	0.0827	0.1044	0.1141	0.1221	0.1342	0.1512	0.1943	0.1099
邯郸	0.0879	0.0997	0.1081	0.1142	0.1254	0.1383	0.1468	0.1628	0.1952	0.2384	0.1417
大同	0.0432	0.0488	0.0477	0.0555	0.0553	0.0640	0.0671	0.0759	0.0780	0.0976	0.0633
朔州	0.0262	0.0318	0.0299	0.0314	0.0371	0.0412	0.0419	0.0435	0.0451	0.0836	0.0412
阳泉	0.0211	0.0268	0.0282	0.0308	0.0365	0.0396	0.0445	0.0574	0.0585	0.0725	0.0416
长治	0.0463	0.0530	0.0491	0.0527	0.0632	0.0734	0.0703	0.0687	0.0783	0.1389	0.0694

续表

城市	2012 年	2013 年	2014 年	2015 年	2016 年	2017 年	2018 年	2019 年	2020 年	2021 年	平均值
晋城	0. 0345	0. 0428	0. 0429	0. 0488	0. 0535	0. 0586	0. 0636	0. 0896	0. 0948	0. 1249	0. 0654
乌海	0. 0139	0. 0242	0. 0250	0. 0289	0. 0319	0. 0343	0. 0358	0. 0386	0. 0440	0. 0656	0. 0342
赤峰	0. 0437	0. 0578	0. 0702	0. 0648	0. 0702	0. 0773	0. 0778	0. 0786	0. 0814	0. 3700	0. 0992
鄂尔多斯	0. 0729	0. 1020	0. 0574	0. 1165	0. 0630	0. 0749	0. 0763	0. 1065	0. 1109	0. 2133	0. 0994
阜新	0. 0302	0. 0362	0. 0403	0. 0381	0. 0363	0. 0416	0. 0419	0. 0412	0. 0416	0. 1164	0. 0464
抚顺	0. 0446	0. 0510	0. 0522	0. 0451	0. 0437	0. 0474	0. 0508	0. 0506	0. 0550	0. 4597	0. 0900
铁岭	0. 0559	0. 0561	0. 0454	0. 0397	0. 0435	0. 0480	0. 0443	0. 0488	0. 0541	0. 0749	0. 0511
葫芦岛	0. 0299	0. 0432	0. 0410	0. 0400	0. 0429	0. 0571	0. 0520	0. 0560	0. 0554	0. 2170	0. 0634
长春	0. 1790	0. 2333	0. 2411	0. 2715	0. 2657	0. 2762	0. 2766	0. 2838	0. 3088	0. 6025	0. 2938
辽源	0. 0165	0. 0204	0. 0240	0. 0293	0. 0319	0. 0363	0. 0363	0. 0360	0. 0337	0. 0528	0. 0317
通化	0. 0443	0. 0570	0. 0550	0. 0607	0. 0713	0. 0717	0. 0659	0. 0608	0. 0628	0. 0868	0. 0636
白山	0. 0249	0. 0307	0. 0319	0. 0349	0. 0402	0. 0432	0. 0426	0. 0416	0. 0397	0. 0753	0. 0405
鹤岗	0. 0146	0. 0317	0. 0171	0. 0228	0. 0277	0. 0314	0. 0323	0. 0339	0. 0348	0. 1097	0. 0356
双鸭山	0. 0199	0. 0237	0. 0267	0. 0267	0. 0315	0. 0353	0. 0371	0. 0365	0. 0369	0. 0900	0. 0364
七台河	0. 0109	0. 0122	0. 0161	0. 0181	0. 0229	0. 0274	0. 0264	0. 0276	0. 0350	0. 0449	0. 0242
鸡西	0. 0224	0. 0227	0. 0275	0. 0369	0. 0393	0. 0420	0. 0430	0. 0445	0. 0508	0. 1313	0. 0461
徐州	0. 1887	0. 2224	0. 2430	0. 2682	0. 3010	0. 3138	0. 3358	0. 3432	0. 3355	0. 6069	0. 3158
宿州	0. 0426	0. 0538	0. 0648	0. 0904	0. 1100	0. 0968	0. 1085	0. 1107	0. 1167	0. 2296	0. 1024
淮北	0. 0316	0. 0393	0. 0437	0. 0472	0. 0570	0. 0603	0. 0630	0. 0667	0. 0764	0. 1909	0. 0676
淮南	0. 0378	0. 0475	0. 0460	0. 0516	0. 0675	0. 0754	0. 0816	0. 0855	0. 0940	0. 2322	0. 0819
萍乡	0. 0307	0. 0410	0. 0426	0. 0509	0. 0589	0. 0659	0. 0772	0. 0806	0. 0855	0. 2680	0. 0801
枣庄	0. 0701	0. 0801	0. 0823	0. 0904	0. 0921	0. 1020	0. 1024	0. 1004	0. 1018	0. 2403	0. 1062
济宁	0. 1146	0. 1414	0. 1612	0. 1720	0. 1834	0. 2175	0. 2276	0. 1998	0. 2012	0. 2564	0. 1875
焦作	0. 0600	0. 0765	0. 0803	0. 0817	0. 0924	0. 1067	0. 1121	0. 1247	0. 1161	0. 1229	0. 0973
鹤壁	0. 0188	0. 0283	0. 0324	0. 0348	0. 0405	0. 0465	0. 0513	0. 0570	0. 0640	0. 0934	0. 0467
平顶山	0. 0553	0. 0671	0. 0734	0. 0744	0. 0844	0. 0991	0. 1043	0. 1186	0. 1250	0. 3488	0. 1150
六盘水	0. 0228	0. 0308	0. 0358	0. 0535	0. 0617	0. 0721	0. 0782	0. 0795	0. 0792	0. 0936	0. 0607
铜川	0. 0103	0. 0151	0. 0172	0. 0232	0. 0288	0. 0333	0. 0357	0. 0371	0. 0403	0. 0470	0. 0288

3.3.2 数字经济发展空间相关性分析

3.3.2.1 全局空间自相关

本书运用Stata17.0测算2012—2021年数字经济发展的全局Moran's I（莫兰）指数如表3-5所示，结果表明2012—2021年全局莫兰指数均为正，除了2021年外，其他年份的莫兰指数均达到显著性水平。从时间上看，2012—2021年数字经济发展的全局莫兰指数表现为先上升后下降的发展过程，表明数字经济发展在不同时间表现出差异性集聚形势，2012—2018年数字经济的空间集聚性不断增强，在2018年以后随着数字经济的扩散和均衡化发展，溢出效应逐渐减弱或变得更加均衡。

表3-5　数字经济发展的全局Moran's I

年份	2012	2013	2014	2015	2016	2017	2018	2019	2020	2021
Moran'I	0.291	0.294	0.397	0.377	0.492	0.502	0.508	0.430	0.407	0.159
Z-Value	1.471	1.500	1.982	1.900	2.445	2.465	2.483	2.120	1.984	0.836
P-Value	0.071	0.067	0.024	0.029	0.007	0.007	0.007	0.017	0.024	0.202

3.3.2.2 局部空间自相关

为直观解释空间集聚的局部形式，利用Stata17.0绘制2012年和2021年Moran's I散点图如图3-3所示，2012年与2021年大部分地区都呈现“高—高”集聚或“低—低”集聚特征，数字经济发展存在同向聚集效应。第一，从高—高集聚（H-H）来看，随着时间的推移其数量得到略微提升，主要为徐州、济宁、枣庄等城市，带动区域数字经济发展。第二，从低—低集聚（L-L）来看，随时间推移数量有所减少，前期以淮北、抚顺、通化为主，2021年为晋城、七台河、鸡西。表明大部分地区协调水平在逐渐改善，低值区情况得到缓解。第三，位于低—高集聚区（L-H）和高—低集聚区（H-L）的“非典型”区域2012年占比为

22.86%，2021 年占比升幅为 17.14%。与 2012 年相比，2021 年 H－H 型城市有所增加、L－L 型城市有所减少，表明耦合协调度领先的城市辐射带动效应较强。

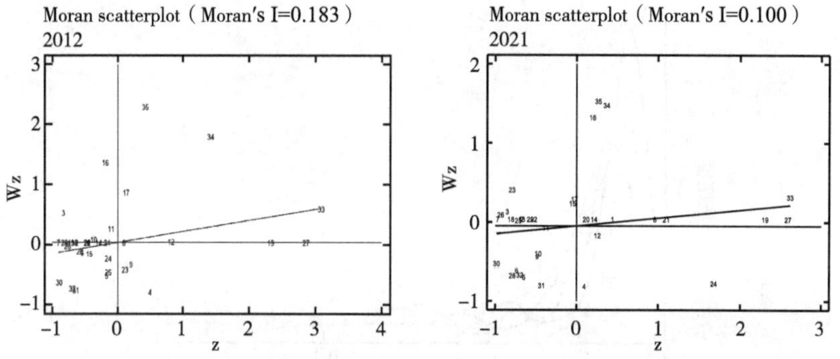

图 3－3　2012 年和 2021 年数字经济发展的 Moran's I 散点图

注：1－35 依次代表城市为萍乡、六盘水、乌海、鄂尔多斯、大同、朔州、铜川、平顶山、焦作、晋城、长治、邯郸、鹤壁、淮南、淮北、宿州、邢台、阳泉、唐山、葫芦岛、赤峰、阜新、铁岭、抚顺、通化、辽源、长春、白山、鹤岗、七台河、鸡西、双鸭山、徐州、济宁、枣庄。

3.3.3　数字经济发展分布动态演进趋势

本书基于 Stata17.0 软件绘制研究期内 2012 年、2015 年、2018 年和 2021 年的总体区域的核密度估计曲线图，具体如图 3－4 所示。通过观察数字经济发展核密度图的分布动态演进趋势可知：首先，从分布位置可以看出核密度曲线的重心具有右移特征，表明 2012—2021 年区域的数字经济发展水平呈逐步提升态势，反映出随着时间的推移，各区域在数字经济的建设与发展上取得明显的成效。其次，从波峰的逐年变至低而缓的形状上来看，说明区域数字经济发展水平的绝对差异有明显增加的趋势。具体而言，各区域在数字经济发展上的差距逐渐显现，一些地区在数字经济领域取得进展，而另一些地区则相对滞后。这种差异的存在，既为区域间的竞争与合作提供动力，也对区域数字经济协调发展提出新的挑战。最后，从核密度曲线的分布延展性分析，其具有右拖尾的明显特征，表明唐山市、长春市、徐州市等区域的高水平城市，在数字经济发展水平上始终领先于该地区的均值。

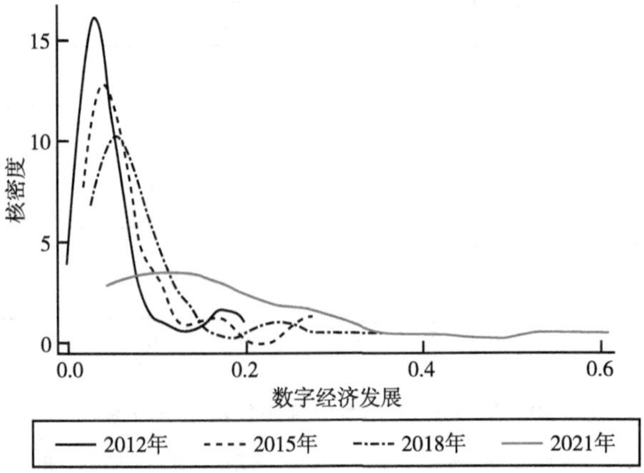

图 3－4　数字经济发展的核密度估计曲线图

3.3.4　数字经济发展区域差异分析

从图 3－5 可以看出，研究期间内煤炭资源型区域数字经济发展的基尼系数呈“U”形趋势变化，与 2012 年 0.413 相比，2017 年降至最低点，降幅为 10.65%，标志着该区域在数字经济发展方面取得均衡性进步，区域间数字经济发展差异得到有效的缩减。2018 年轻微波动上升，数字经济发展差异有所扩大，但这种上升趋势并未持续，随后逐年下降。2021 年基尼系数回升至 0.397，虽然相较于 2017 年的最低点有所上升，但与起始年份 2012 年相比，仍然下降 3.87%。

综上所述，尽管煤炭资源型区域的数字经济在发展过程中存在一定的波动，但总体来看，基尼系数的下降趋势表明区域间数字经济发展的总体差异在逐渐缩小，均衡性在不断提升。这一趋势不仅反映出区域间数字经济发展的积极变化，也为未来进一步推动数字经济发展的均衡性和可持续性提供有力的支撑。

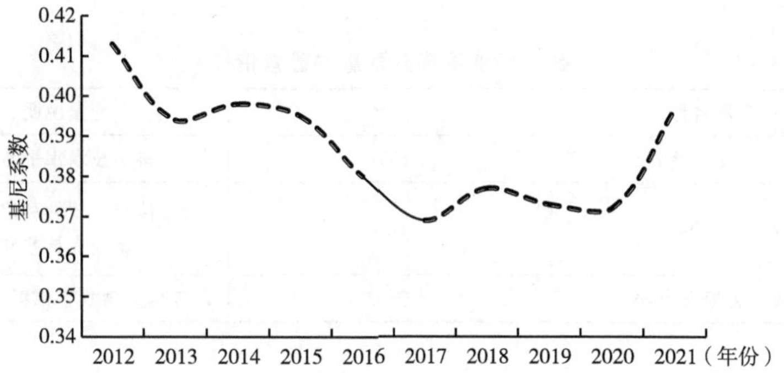

图 3－5 数字经济发展的区域内差异

3.3.5 数字经济发展差异影响因素分析

前文分析表明煤炭资源型区域数字经济发展具有一定的空间差异。借鉴前人研究（Jiao 等，2024），QAP 作为一种非参数检验方法，专门用于处理关系数据，进行随机置换测试。它不需要假设变量间的独立性，能有效预防变量自相关及多重共线性问题（邓宗兵等，2024）。因此，本研究运用 QAP 分析数字经济发展空间差异的影响因素。

3.3.5.1 影响因素选取

为深入探究煤炭资源型区域数字经济空间差异的影响因素，本书选取科技支出、数字化发展、数字化程度作为数字经济空间差异的影响因素构建差异矩阵（方大春和常愉珠，2024；程钰等，2019）。科技支出反映地区对科技创新和信息技术应用的重视程度与投入力度，数字化发展体现地区在信息技术基础设施建设、数字化服务普及等方面的进展，数字化程度衡量地区经济活动中数字技术的渗透率和应用水平。同时，采用数字经济地区差异矩阵（DED）作为被解释变量，各影响因素地区差异矩阵作为解释变量（表3－6），运用Ucinet 6软件对数字经济发展地区差异矩阵与各影响因素地区差异矩阵之间的关系进行随机置换测试，置换次数设定为5000次。

表3－6　　数字经济发展差异影响因素指标

变量名称	符号	变量说明
科技支出差异	STD	科学技术水平差异
数字化发展差异	IED	信息传输、软件和信息技术就业人员差异
数字化程度差异	DDD	普惠金融数字化程度差异

3.3.5.2　QAP相关分析

如表3－7所示，数字经济发展差异与其他影响因素之间的相关系数均为正值，且除数字化程度外，其他均通过显著性水平检验，显示出科技支出、数字化发展与数字经济发展差异具有显著的相关性。然而，凭相关系数的大小和显著性水平并不直接等同于实际的作用力度，需要进一步借助回归分析来研究证明。此外，各个影响因素之间也存在一定的关联性，科技支出的增加可能会促进数字化发展水平，加速普惠金融的数字化转型进程。与此同时，随着数字化发展的不断深入，其带来的生产效率提高、成本降低以及创新能力的增强，反过来成为增加科技支出的重要驱动力。

表3－7　　数字经济发展QAP相关分析结果

变量	DED	STD	IED	DDD
DED	1.000***	0.921***	0.714***	0.093
STD	0.921***	1.000***	0.554**	0.136
IED	0.714***	0.554**	1.000***	0.021
DDD	0.093	0.136	0.021	1.000***

注：*表示 $p<0.05$，**表示 $p<0.01$，***表示 $p<0.001$。

3.3.5.3　QAP回归分析

表3－8显示出煤炭资源型区域数字经济发展差异的影响因素回归结

果。从回归结果来看，科技支出差异与数字化发展差异均在1%的水平上显著为正，系数分别为0.761与0.293，前者为后者的2.597倍，显示出科技支出差异对数字经济发展差异的带动作用最强，表明减少科技支出发展差异，通过优化科技资源配置、提升科技创新效率等措施，将是缩小煤炭资源型区域数字经济发展差异、促进区域数字经济均衡发展的最有效的措施。数字化程度差异的系数为-0.017（$p>0.1$），表明这种差异一定程度上有助于减少地区数字经济发展差异，但其产生的影响力相对较小。尽管这种影响因素的作用相对有限，其背后蕴含着普惠金融数字化发展过程中的技术扩散、知识共享等积极效应，在一定程度上促进区域间的相互学习与借鉴，从而在一定程度上缓解了数字经济发展不平衡的问题。

表3-8　数字经济发展差异的影响因素回归结果

变量	总体	
	标准化回归系数	p值
截距	0.000	0.000
STD	0.761	0.000
IED	0.293	0.000
DDD	-0.017	0.387

3.4 产业升级发展综合评价、分布动态及区域差异

3.4.1 产业升级发展综合评价

基于我国35个煤炭资源型地区2012—2021年的时间序列数据，采用熵权法测算煤炭资源型区域产业升级体系的指标权重，如表3-9所示，并依据求出的综合得分对各个地区产业升级能力进行综合评价。

表 3－9　产业升级发展指标权重

维度	分类	指标	信息熵值 E_j	信息效用值	权重系数 C_j
资源开发	资源开采	规模以上工业总产值/工业用电量	0.9026	0.0974	0.1816
产业生态	能源消耗	液化石油气全年供气总量	0.9969	0.0031	0.0057
	工业废物排放	工业废水排放量	0.9938	0.0062	0.0116
		工业二氧化硫排放量	0.9962	0.0038	0.0070
		工业烟粉尘排放量	0.9977	0.0023	0.0043
产业创新	创新投入	研发投入强度	0.9306	0.0694	0.1295
	创新意识	专利申请量	0.8415	0.1585	0.2955
产业现代化	结构模式	产业结构合理化	0.9589	0.0411	0.0767
		产业结构高级化	0.9807	0.0193	0.0361
产业转型	旅游发展	接待游客人数	0.9463	0.0537	0.1002
		旅游总收入	0.9185	0.0815	0.1518

我国35个煤炭资源型区域产业升级水平综合得分如表3－10所示，在研究期内，虽然煤炭资源型区域产业升级水平持续增强，但同样表现出明显的地区差异。其中，长春、徐州、济宁位于前3名，占据重要地位，这可能得益于地理区位和资源密集度；邯郸、唐山、邢台、枣庄、焦作、平顶山、鄂尔多斯、宿州、萍乡、长治、大同、晋城等地区紧随其后，凸显出华北地区、华东地区与华中地区煤炭资源型区域产业升级能力的强劲活力，基于地理优势和较为完善的技术、人才、产业体系，成为我国煤炭资源型区域发展的接续力量；西部、东北部等煤炭资源型区域产业升级综合得分虽然相对落后，但是其发展潜力不容低估，整体呈现明显的上升趋势。

表 3－10　煤炭资源型区域产业升级综合得分

城市	2012年	2013年	2014年	2015年	2016年	2017年	2018年	2019年	2020年	2021年	平均值
唐山	0.1036	0.1159	0.1275	0.1436	0.1811	0.2269	0.2523	0.3073	0.2727	0.3067	0.2037
邢台	0.1290	0.1476	0.1601	0.1779	0.1801	0.2647	0.2108	0.2369	0.2632	0.2539	0.2024
邯郸	0.1728	0.1445	0.1601	0.1876	0.2060	0.2453	0.2698	0.3076	0.2537	0.2879	0.2235

续表

城市	2012 年	2013 年	2014 年	2015 年	2016 年	2017 年	2018 年	2019 年	2020 年	2021 年	平均值
大同	0.1082	0.1189	0.1261	0.1423	0.1642	0.1879	0.2123	0.2281	0.1474	0.1384	0.1573
朔州	0.0748	0.0818	0.0848	0.0822	0.0915	0.1085	0.1117	0.1209	0.0917	0.0896	0.0937
阳泉	0.0800	0.0911	0.0968	0.1027	0.1188	0.1294	0.1324	0.1519	0.0957	0.0856	0.1084
长治	0.1256	0.1336	0.1424	0.1487	0.1668	0.2182	0.1723	0.1961	0.1432	0.1522	0.1599
晋城	0.1257	0.1319	0.1434	0.1495	0.1613	0.2094	0.1535	0.1926	0.1242	0.1208	0.1512
乌海	0.0460	0.0442	0.0440	0.0471	0.0502	0.0529	0.0608	0.0668	0.0796	0.0883	0.0579
赤峰	0.0949	0.0962	0.1005	0.1074	0.1162	0.1149	0.1381	0.1554	0.1409	0.1454	0.1209
鄂尔多斯	0.1984	0.2270	0.2438	0.2576	0.2541	0.0936	0.1026	0.1428	0.1169	0.1222	0.1759
阜新	0.1160	0.1183	0.1197	0.1166	0.1256	0.1463	0.2164	0.1591	0.1512	0.1541	0.1423
抚顺	0.1161	0.2359	0.1371	0.1064	0.1213	0.1247	0.1520	0.1616	0.1053	0.1129	0.1373
铁岭	0.2274	0.2000	0.1298	0.1032	0.1029	0.1176	0.1037	0.1237	0.1067	0.1212	0.1336
葫芦岛	0.1769	0.1268	0.1172	0.1098	0.1147	0.1490	0.1655	0.1854	0.1497	0.1587	0.1453
长春	0.2219	0.2475	0.2703	0.2983	0.3567	0.3982	0.4365	0.5287	0.4833	0.5783	0.3819
辽源	0.0873	0.0780	0.0858	0.0971	0.0987	0.0917	0.1252	0.1307	0.1235	0.1336	0.1051
通化	0.0980	0.1030	0.1182	0.0935	0.1192	0.1580	0.1422	0.1591	0.1521	0.1686	0.1312
白山	0.0857	0.1040	0.0926	0.0881	0.0972	0.1090	0.1635	0.1326	0.1378	0.1367	0.11472
鹤岗	0.0582	0.0539	0.0655	0.0609	0.0592	0.0614	0.1078	0.0675	0.0573	0.0586	0.0650
双鸭山	0.0966	0.1068	0.1174	0.1191	0.1193	0.1527	0.1265	0.0857	0.0981	0.0912	0.1113
七台河	0.0548	0.0669	0.0750	0.0759	0.0837	0.0702	0.1318	0.0699	0.0697	0.0715	0.0769
鸡西	0.0620	0.0855	0.0741	0.0762	0.0799	0.0791	0.1306	0.1105	0.0762	0.0801	0.0854
徐州	0.2733	0.3341	0.2793	0.2813	0.3519	0.3796	0.3996	0.4737	0.4080	0.4856	0.3666
宿州	0.1306	0.1379	0.1582	0.1458	0.1341	0.1552	0.1731	0.2286	0.1788	0.1858	0.1628
淮北	0.1386	0.1293	0.1322	0.1290	0.1289	0.1529	0.1469	0.1783	0.1397	0.1547	0.1431
淮南	0.0939	0.1158	0.1237	0.1241	0.1341	0.1409	0.1272	0.1878	0.1150	0.1233	0.1286
萍乡	0.0958	0.0972	0.1123	0.1314	0.1451	0.1957	0.2026	0.2265	0.1985	0.2174	0.1623
枣庄	0.1374	0.1583	0.1589	0.1794	0.1746	0.2075	0.1459	0.2287	0.2194	0.2635	0.1874
济宁	0.2425	0.2460	0.2628	0.2927	0.3017	0.3799	0.3390	0.3634	0.3143	0.3446	0.3087
焦作	0.1241	0.1402	0.1422	0.1645	0.1702	0.2880	0.2129	0.2279	0.1846	0.1930	0.1848
鹤壁	0.0964	0.1076	0.1103	0.1205	0.1238	0.1436	0.1493	0.1531	0.1437	0.1418	0.1290
平顶山	0.1344	0.1458	0.1595	0.1607	0.1677	0.2396	0.1802	0.2088	0.1770	0.1855	0.1759

续表

城市	2012 年	2013 年	2014 年	2015 年	2016 年	2017 年	2018 年	2019 年	2020 年	2021 年	平均值
六盘水	0.0703	0.0782	0.0901	0.1113	0.1555	0.1365	0.1689	0.2178	0.1851	0.2557	0.1469
铜川	0.0704	0.0774	0.0884	0.0942	0.0970	0.0982	0.1090	0.1664	0.0987	0.0936	0.0993

3.4.2 产业升级发展空间相关性分析

3.4.2.1 全局空间自相关

本书运用 Stata17.0 测算 2012—2021 年产业升级发展的全局 Moran′s I 指数如表 3-11 所示，结果表明 2012—2021 年全局莫兰指数均为正，且 2015—2021 年的莫兰指数均显著。从时间上看，2012—2021 年产业升级发展的全局莫兰指数在逐渐上升，表明在该时期内产业升级发展在空间上呈现出日益增强的正相关性，产业升级活动在空间维度上的集聚态势越发明显，体现出产业间协同发展的空间依赖性日益加深。

表 3-11　　产业升级发展的全局 Moran′s I

年份	2012	2013	2014	2015	2016	2017	2018	2019	2020	2021
Moran′I	0.248	0.210	0.215	0.322	0.270	0.656	0.352	0.553	0.558	0.530
Z-Value	1.221	1.075	1.088	1.563	1.353	3.025	1.744	2.664	2.705	2.601
P-Value	0.111	0.141	0.138	0.059	0.088	0.001	0.041	0.004	0.003	0.005

3.4.2.2 局部空间自相关

为直观解释空间集聚的局部形式，利用 Stata17.0 绘制 2012 年和 2021 年 Moran′s I 散点图如图 3-6 所示，2012 年与 2021 年大部分地区都呈现“高—高”集聚或“低—低”集聚特征，产业升级发展存在同向聚集效应。首先，从“高—高”集聚（H-H）区域来看，其数量随时间推移略有增加。具体而言，徐州、济宁、枣庄、邯郸、邢台等城市在“高—高”集聚类型中占据主导地位，对周边区域的数字经济与产业升级起到显著的带动作用。其次，对于“低—低”集聚区域，其数量同样随时间推移有所增加。在2012年，这些区域主要集中在大同、七台河、鸡西、双鸭山等地；到2021年，铁岭、抚顺、通化、辽源等城市成为“低—低”集聚类型的主要代表。表明尽管大部分地区的协调水平在逐步提升，但低值区域的问题并未得到有效缓解。最后，位于低—高集聚区（L－H）和高—低集聚区（H－L）的“非典型”区域2012年占比为20%，2021年占比升幅为14.28%，显示出产业升级发展的空间差异与不均衡性的态势有所加剧。

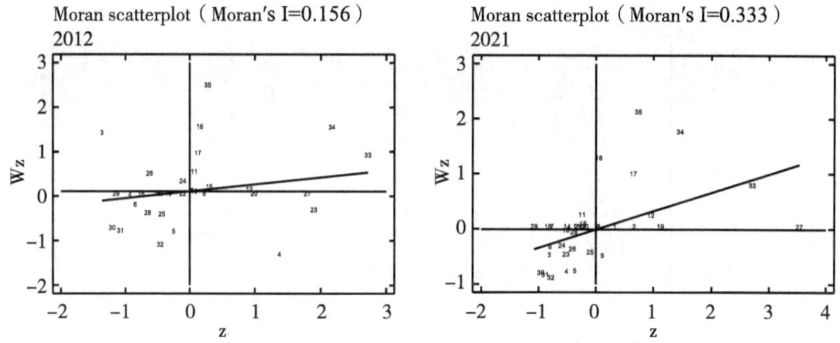

图3－6 2012年和2021年产业升级发展的Moran's I散点图

注：1－35依次代表城市为萍乡、六盘水、乌海、鄂尔多斯、大同、朔州、铜川、平顶山、焦作、晋城、长治、邯郸、鹤壁、淮南、淮北、宿州、邢台、阳泉、唐山、葫芦岛、赤峰、阜新、铁岭、抚顺、通化、辽源、长春、白山、鹤岗、七台河、鸡西、双鸭山、徐州、济宁、枣庄。

3.4.3 产业升级发展分布动态演进趋势

本书基于Stata17.0软件绘制研究期内2012年、2015年、2018年和2021年的总体区域的核密度估计曲线图，具体如图3－7所示。通过观察产业升级发展核密度图的分布动态演进趋势可知：首先，从分布位置可以看出核密度曲线的重心具有右移特征，表明2012—2021年区域的产业升级发展水平呈逐步提升态势，反映出随着时间的推移，各地区的产业结构不断优化升级，经济发展质量和效益得到提升。其次，从波峰的逐年变至低而缓的形状来看，说明区域的产业升级发展水平的绝对差异有明显增加的趋势。具体而言，随着产业升级进程的推进，一些地区凭借资源优势、政策支持等因素，实现快速的发展，而另一些地区由于各种限制因素，发展相对滞后。最后，从核密度曲线的分布延展性分析，其具有右拖尾的明显特征，意味着唐山市、邢台市、邯郸市等区域的高水平城市，在产业升级发展水平上始终领先于该地区的均值，且这种领先地位呈现出不断强化的趋势。同时，上述城市的成功经验也为其他地区提供有益的借鉴和启示，有助于推动整个区域的产业升级进程向更高层次迈进。

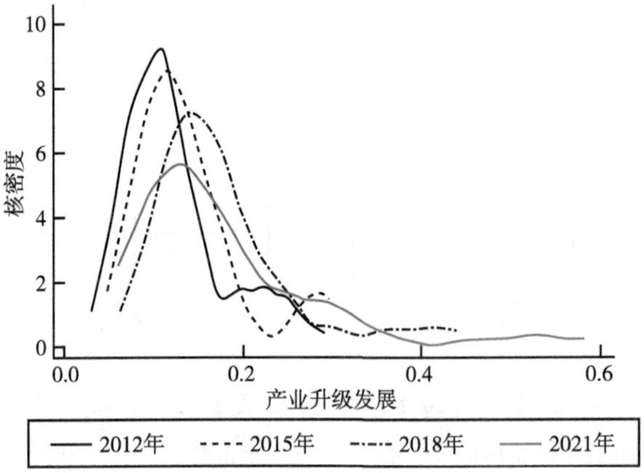

图 3－7　产业升级发展的核密度估计曲线图

3.4.4　产业升级发展区域差异分析

从图 3－8 可以看出，研究期间内煤炭资源型区域产业升级发展的基尼系数呈“U”形趋势变化，与 2012 年 0.24 相比，2017 年升至 0.271，升幅为 12.92%，揭示在此期间产业升级发展差异开始逐渐扩大。2018 年基尼系数经历一次波动性的下降，然而，这一短暂的下降并未形成长期趋势，随后几年中，基尼系数又逐年攀升，直至 2021 年达到研究期间内的最高点，与 2012 年相比增加 26.25%，说明煤炭资源型区域产业升级发展的总体差异具有持续扩大趋势，也反映出煤炭资源型区域在追求产业升级过程中，面临的发展非均衡性问题日益严峻。因此，深入探究导致这种差异扩大的具体原因，并制定相应的区域产业升级协调发展战略，对于促进煤炭资源型区域均衡可持续发展具有重要意义。

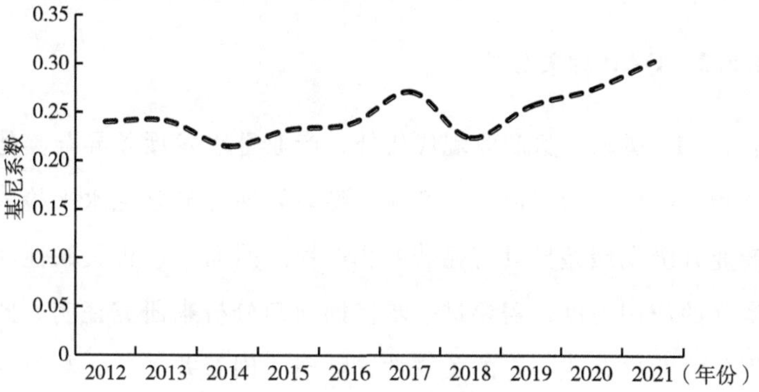

图3-8 产业升级发展的区域内差异

3.4.5 产业升级发展差异影响因素分析

3.4.5.1 影响因素选取

为深入分析产业升级发展空间差异，本书选取产业创新、产业现代化、产业转型作为产业升级发展空间差异的影响因素并构建差异矩阵。产业创新，被视为激发产业活力、促进技术迭代的关键驱动力；产业现代化，则强调通过技术升级、管理优化等手段提升产业效率与竞争力；产业转型，则关乎产业结构的优化调整，是适应经济发展新趋势、应对外部环境变化的重要策略。本书使用产业升级发展地区差异矩阵（IUD）作为被解释变量，各影响因素地区差异矩阵作为解释变量（表3-12），运用Ucinet 6软件对产业升级发展地区差异矩阵与各影响因素地区差异矩阵之间的关系进行随机置换测试，置换次数设定为5000次。

表 3-12　　产业升级发展差异影响因素指标

变量名称	符号	变量说明
产业创新差异	RID	研发投入强度水平差异
产业现代化差异	ISD	产业结构高级化差异
产业转型差异	VRD	接待游客人数差异

3.4.5.2　QAP 相关分析

如表 3-13 所示，除产业现代化外，产业升级发展差异与其他影响因素之间的相关系数均为正值，且产业转型差异通过显著性水平检验，显示出其与产业升级发展差异具有显著的相关性。然而，这种关联性并不直接等同于实际的作用力度，需要进一步借助回归分析来研究证明。此外，各个影响因素之间也存在一定的关联性，除产业创新差异外，其他影响因素均通过显著性水平检验，表明上述影响因素不仅对产业升级发展差异产生影响，而且影响因素之间也存在相互作用或协同效应。

表 3-13　　产业升级发展 QAP 相关分析结果

变量	IUD	VRD	ISD	RID
IUD	1.000***	0.816*	-0.196	0.140
VRD	0.816*	1.000***	-0.299**	0.091
ISD	-0.196	-0.299**	1.000***	-0.230**
RID	0.140	0.091	-0.230**	1.000***

注：* 表示 $p<0.05$，** 表示 $p<0.01$，*** 表示 $p<0.001$。

3.4.5.3　QAP 回归分析

表 3-14 显示出煤炭资源型区域产业升级发展差异的影响因素回归结果。从回归结果来看，产业转型差异在 1% 的水平上显著为正，系数为 0.829，显示出产业转型差异对产业升级发展差异的带动作用最强。具体而言，区域间产业转型进程的差异越大，其产业升级发展的差异也倾向于越大；反之亦然。因此，减少产业转型发展的地域差异，被视为缩小煤炭

资源型区域产业升级发展差异、促进区域产业升级均衡发展的有效策略之一。另外，回归结果也揭示产业现代化差异与产业创新差异对煤炭资源型区域产业升级发展差异的影响。产业现代化差异与产业创新差异的系数分别为0.071和0.081（$p>0.1$），表明加强产业现代化建设与产业创新一定程度上有助于减少地区产业升级发展差异，但其产生的影响力相对较小。

表3-14　产业升级发展差异的影响因素回归结果

变量	总体	
	标准化回归系数	p值
截距	0.000	0.000
VRD	0.829	0.000
ISD	0.071	0.243
RID	0.081	0.116

3.5 本章小结

本章主要围绕煤炭资源型区域高质量发展驱动因素及其分析展开研究。首先，深入探讨煤炭资源型区域高质量发展驱动因素，以数字经济为外在拉动力、以产业升级为内在推动力。其次，构建数字经济与产业升级指标体系并进行综合评价。最后，采用莫兰指数探究驱动因素的空间相关性，绘制核密度曲线图分析分布动态演进趋势分析，运用Dagum基尼系数进行区域差异分析，并通过QAP分析具体差异影响因素。研究发现：

第一，徐州、长春与唐山数字经济发展综合得分较高，在煤炭资源型区域中数字经济发展水平较为领先。由于缺乏与数字经济发展相适应的技术禀赋和数字化基础，西部和东北部的煤炭资源型区域数字经济发展水平仍面临着较多的发展困境。长春、徐州、济宁位于产业升级发展综合得分的前3名，西部、东北部等煤炭资源型区域产业升级综合得分虽然相对落后，但是其发展潜力不容低估，整体呈现明显的上升趋势。

第二，2012—2021年，数字经济发展的全局莫兰指数表现为先上升后下降的发展过程，表明数字经济发展在不同时间表现出差异性集聚形势，局部莫兰指数显示存在同向聚集效应；产业升级发展的全局莫兰指数在逐渐上升，表明产业升级发展在空间上呈现出日益增强的正相关性，局部莫兰指数显示存在同向聚集效应。

第三，数字经济发展与产业升级发展的核密度曲线的重心都具有右移特征，表明2012—2021年煤炭资源型区域的数字经济与产业升级发展水平呈逐步提升态势。数字经济发展的基尼系数反映出煤炭资源区域总体差异在逐渐缩小，均衡性在不断提升；产业升级发展的基尼系数反映出该区域总体差异具有持续扩大趋势，表明煤炭资源型区域在追求产业升级过程中面临的发展非均衡性问题日益严峻。

第四，QAP回归结果显示，科技支出差异对数字经济发展差异的带动作用最强，因此减少科技支出发展差异将是缩小煤炭资源型区域数字经济发展差异、促进区域数字经济均衡发展的最有效的措施；减少产业转型发展的地域差异，被视为缩小煤炭资源型区域产业升级发展差异、促进区域产业升级均衡发展的有效的策略之一。

第 4 章

数实融合协同演化机理及融合互促分析

4.1 数字经济与实体经济协同演化机理

4.1.1 Logistic 模型概述

1845 年，比利时数学家 Pierre François Verhulst 提出 Logistic 方程，该模型主要对 S 形曲线进行数学描述。Logistic 回归模型是一种广泛应用于统计学和机器学习领域的分类算法，尤其适合于二分类问题。它将线性回归的结果通过 Sigmoid 函数映射到 0 和 1 之间，从而估计事件的发生概率。Logistic 回归虽然名为“回归”，但实际上是用来解决分类问题的。

Logistic 方程定义如下：

$$x_t = \frac{1}{c + ae^{bt}} \tag{4-1}$$

其中，t 通常表示时间变量，a、b、c 为模型的参数；当趋势比较完整时，$a>0$，$b<0$，$c>0$。其曲线如图 4－1 所示。

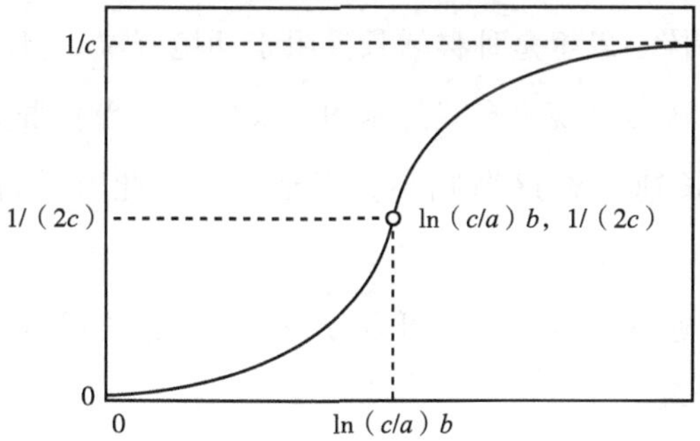

图 4－1 Logistic 增长曲线

根据图 4－1 和公式（4－1）可得：当 $t\to-\infty$ 时，$x(t)\to 0$；当 $t\to+\infty$ 时，$x(t)\to 1/c$。为研究 Logistic 曲线的增长特性，对公式（4－1）求一阶导数得：

$$\frac{\mathrm{d}x}{\mathrm{d}t}=\frac{-abe^{bt}}{(c+ae^{bt})^2}>0 \tag{4-2}$$

在数字经济与实体经济的协同演化背景下，Logistic 模型可转化为基本增长方程，用来模拟和分析两个经济子系统之间的相互作用和共同增长趋势。

Logistic 模型可转化为基本增长方程：

$$\begin{cases}\dfrac{\mathrm{d}p(t)}{\mathrm{d}t}=\gamma\left[1-\dfrac{p(t)}{p_m}\right]p(t)\\ P_0=P(t_0)\end{cases} \tag{4-3}$$

其中，$\frac{\mathrm{d}p(t)}{\mathrm{d}t}$ 表示种群（或某事物）在 t 时刻的增长速率，即种群数量随时间的变化率；$p(t)$ 表示在 t 时刻的种群数量或某种事物的规模；γ 表示种群的增长速率系数，它反映种群在理想条件下的增长潜力，系数越大，表示种群的增长速度越快；p_m 表示环境容纳量或种群的最大可能数量，即在给定环境条件下，种群所能达到的最大稳定数量；$P_0=P(t_0)$，表示在初始时刻 $t=0$ 的种群数量或规模。

Logistic 基本增长方程描述在有限资源环境下，种群或其他事物增长的过程。模型的核心思想是种群增长受限于环境资源，且个体终将受到环境因素的制约，从而呈现出自我抑制的增长特性。当种群数量接近环境容纳量 p_m 时，增长速率将逐渐减小，直至为零，此时种群数量达到稳定状态。

其增长曲线通常呈现 S 形，可以分为以下三个阶段（许国腾，2021）。

（1）初期阶段。

在 Logistic 基本增长方程的开始期，种群（或某事物）的数量较少，增长速率相对较慢，对应于生长曲线中的平缓上升阶段。

在这一阶段，$\frac{\mathrm{d}p(t)}{\mathrm{d}t}$ 的值较小。因为 $p(t)$ 的值较小，而 $\gamma\left[1-\frac{p(t)}{p_m}\right]$ 的值虽然接近 γ，但 $p(t)$ 的基数小，所以整体增长速率不高。

在数字经济与实体经济的协同演化背景下，初期时两个经济子系统尚处于初始融合的阶段。此时，由于技术、政策、市场等方面的限制，数字经济与实体经济的协同作用尚未充分发挥，增长速率较慢。

（2）中期阶段。

随着种群（或某事物）数量的增加，增长速率逐渐加快，进入加速期，对应于生长曲线中的快速上升阶段。

在这一阶段，$\frac{\mathrm{d}p(t)}{\mathrm{d}t}$ 的值逐渐增大。因为 $p(t)$ 的值增加，而 $\gamma\left[1-\frac{p(t)}{p_m}\right]$ 的值仍然保持在一个相对较高的水平。

随着 $p(t)$ 的增大，但尚未接近 p_m，所以增长速率逐渐加快，其对应于两个经济子系统开始深度融合的阶段。此时，技术创新、政策支持、市场需求等因素的推动作用逐渐显现，数字经济与实体经济的协同作用得到加强，增长速率加快。

（3）末期阶段。

当种群（或某事物）数量接近环境容纳量 p_m 时，增长速率开始逐渐减小，直至为零，进入减速期并最终达到饱和期。这对应于生长曲线中的增长速度趋近于零的水平状发展阶段。$\frac{\mathrm{d}p(t)}{\mathrm{d}t}$ 的值逐渐减小至零，因为 $p(t)$ 的值接近 p_m，所以 $\gamma\left[1-\frac{p(t)}{p_m}\right]$ 的值趋近于零。

随着 $p(t)$ 的增大并接近 p_m，增长速率逐渐减小，直至停止增长。在数字经济与实体经济的协同演化过程中，减速期至饱和期可能对应于两个经济子系统协同作用达到顶峰并趋于稳定的阶段。此时，由于资源限制、市场竞争、政策调整等因素的作用，数字经济与实体经济的协同增长速率开始减缓，并最终达到相对稳定的水平。

其三阶段如图 4－2 所示。

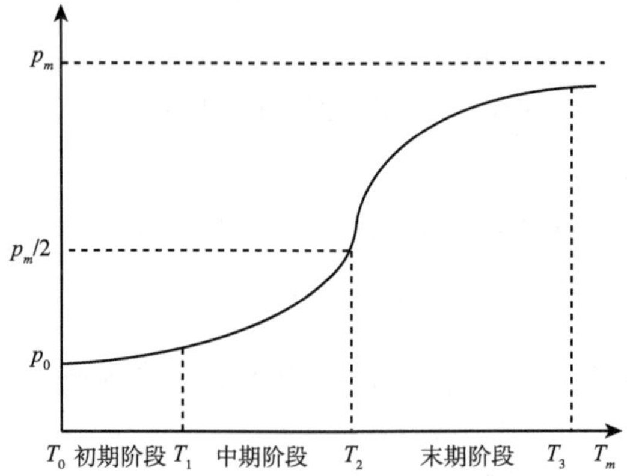

图 4－2　Logistic 增长模型三阶段

4.1.2　基于 Logistic 模型的数字经济与实体经济协同演化机理模型

4.1.2.1　演化模型构建

数字经济对实体经济的影响呈现出"U"形特征，即在初期会对实体经济带来一定的冲击，但随着时间的推移，这种冲击会逐渐转化为正面效应，推动实体经济的数字化转型（吴俊珺和杜文豪，2024）。同时，实体经济发展，促使原有的生产关系转变为数字化生产关系，加速全产业链数字化转型（刘珺，2024）。数字经济的发展推动实体经济的智能化、自动化和数字化转型；实体经济的发展为数字经济提供重要的数据信息和市场需求，两者呈现出协同演化的趋势（曹增栋和岳中刚，2024）。更进一步，数字经济通过其高增长、强扩散和成本降低的特性，促进煤炭资源型区域实现高质量发展（Reshetnikova 等，2021）。为更好地理解和预测这种协同演化的过程，Logistic 模型作为一种有效的分析工具被引入这一领域。

在研究数字经济与实体经济的协同演化时，Logistic 模型可以用来描述两者从独立发展到融合发展的过程。这个过程不是线性的，而是存在着加速增长的阶段，随后达到饱和状态。Logistic 模型能够很好地捕捉到这种非线性增长特征，并且可以估计出关键参数如增长率、最大容量等，有助于理解数字经济与实体经济在不同发展阶段的特点。

基于 Logistic 模型基本增长方程公式：

$$\begin{cases}\dfrac{dp(t)}{dt} = \gamma\left[1 - \dfrac{p(t)}{p_m}\right]p(t) \\ P_0 = P(t_0)\end{cases} \tag{4-4}$$

Logistic 基本增长方程应用于数字经济与实体经济的协同演化分析时，其中各参数如表4－1所示。

表4－1　Logistic 基本增长方程参数

参数	具体解释说明
$p(t)$	在 t 时刻数字经济与实体经济协同演化的水平或程度
$\frac{dp(t)}{dt}$	数字经济与实体经济协同演化水平随时间的变化率，即协同演化的速度
γ	协同演化的增长率系数，它反映在理想条件下数字经济与实体经济协同演化的潜力
p_m	数字经济与实体经济协同演化的最大可能水平或环境容纳量

依据表4－1，本书构建描述数字经济与实体经济协同演化的双种群模型，在每个种群的增长率方程中引入相互作用项，用于描述另一个种群对当前种群增长率的影响。

对于数字经济模型，假设数量为 D_t，增长率为 γ_D，最大容量为 D_m。

$$\frac{dD(t)}{d(t)} = \gamma_D\left[1 - \frac{D(t)}{D_m} - \alpha\frac{R(t)}{R_m}\right]D(t) \tag{4-5}$$

其中，α 表示实体经济对数字经济增长率的影响。如果 $\alpha>0$，则表示实体经济对数字经济具有竞争作用；如果 $\alpha<0$，则表示实体经济对数字经济具有促进作用。

对于实体经济模型，假设数量为 R_t，增长率为 γ_R，最大容量为 R_m。

$$\frac{dR(t)}{d(t)} = \gamma_R\left[1 - \frac{R(t)}{R_m} - \beta\frac{D(t)}{D_m}\right]R(t) \tag{4-6}$$

其中，β 表示数字经济对实体经济增长率的影响。如果 $\beta>0$，则表示数字经济对实体经济具有竞争作用；如果 $\beta<0$，则表示数字经济对实体经济具有促进作用。

根据公式（4-5）与公式（4-6）可以发现，每个模型都有增长率，增长率受到自身数量与对方数量的影响，同时还受到最大容量的限制（朱晓峰和黄晓婷，2020）。α 与 β 两个系数相互影响，各种群演化关系依据 α 与 β 的取值范围。在学者演化模型基础上（庞博慧，2012），将数字经济与实体经济两个种群之间的协同演化分为 8 种模式，如表 4-2 所示。

表 4-2　数字经济与实体经济间协同演化模式分类

序号	α、β 取值	模式名称	表征
1	$\alpha>0$，$\beta>0$	竞争共生	两者相互竞争损耗
2	$\alpha<0$，$\beta>0$	促进—竞争共生	数字经济促进实体经济的增长，实体经济竞争并抑制数字经济的增长
3	$\alpha>0$，$\beta<0$	竞争—促进共生	数字经济竞争并抑制实体经济的增长，实体经济促进数字经济的增长
4	$\alpha<0$，$\beta<0$	促进共生	两者相互促进对方的增长
5	$\alpha=0$，$\beta>0$	独立增长—竞争共生	数字经济的增长不受实体经济影响，实体经济受到数字经济的竞争影响
6	$\alpha>0$，$\beta=0$	竞争共生—独立增长	实体经济的增长不受数字经济影响，数字经济受到实体经济的竞争影响
7	$\alpha=0$，$\beta<0$	独立增长—促进共生	数字经济的增长不受实体经济影响，实体经济促进数字经济的增长
8	$\alpha<0$，$\beta=0$	促进共生—独立增长	实体经济的增长不受数字经济影响，数字经济促进实体经济的增长

表 4-2 的内容展示，当参数 α 与 β 的取值范围发生变化时，数字经济与实体经济的协同演化模式呈现出多样化的特征。基于公式（4-5）与公式（4-6）的数学表达，本研究将数字经济与实体经济协同演化的过程细分为以下两种情形进行深入剖析：

$$\begin{cases} \dfrac{dD(t)}{d(t)} = \gamma_D \left[1 - \dfrac{D(t)}{D_m} - \alpha \dfrac{R(t)}{R_m} \right] D(t) \\ \dfrac{dR(t)}{d(t)} = \gamma_R \left[1 - \dfrac{R(t)}{R_m} - \beta \dfrac{D(t)}{D_m} \right] R(t) \end{cases} \tag{4-7}$$

（1）数字经济与实体经济竞争与合作并存型。

在这种类型下，考虑实际发展受时间、环境因素的影响，因此，在公式（4-7）基础上，将 α 变为 $\alpha(t)$ 、β 变为 $\beta(t)$ 、γ_D 变为 $\gamma_D(t)$ 、γ_R 变为 $\gamma_R(t)$ ，调整公式如下：

$$\begin{cases} \dfrac{dD(t)}{d(t)} = \gamma_D(t) \left[1 - \dfrac{D(t)}{D_m} - \alpha(t) \dfrac{R(t)}{R_m} \right] D(t) \\ \dfrac{dR(t)}{d(t)} = \gamma_R(t) \left[1 - \dfrac{R(t)}{R_m} - \beta(t) \dfrac{D(t)}{D_m} \right] R(t) \end{cases} \tag{4-8}$$

在公式（4-8）的基础上，进一步考虑种群间在互动发展进程中的复杂性，其中自然增长率 γ 以及最大环境容量 D_m 、R_m 不仅受外部环境因素的影响，还显著地受到相互协同演化因子的动态调控作用。鉴于此，引入 $\varepsilon_1(t)$ 和 $\varepsilon_2(t)$ 分别为第 t 年实体经济与数字经济在协同演化驱动下所展现出的动态自然增长率；相应地，$\omega_1(t)$ 和 $\omega_2(t)$ 则代表第 t 年实体经济与数字经济在协同演化效应影响下所达到的最大环境容量动态值。这一设定旨在更精确地捕捉并量化实体经济与数字经济在协同演化过程中的动态特性及其对各自增长潜力与环境容纳能力的潜在影响，则上述4个变量的方程可调整为：

数字经济 $R(t)$ 的增长方程与动态最大环境容量 $\omega_1(t)$ 的方程，其中 $\theta_1(t)$ 、$\varphi_1(t)$ 是随时间变化的参数，$\omega_1(t)$ 表示影响增长率的外部因素，公式如下：

$$\begin{cases} \dfrac{dD(t)}{d(t)} = \varepsilon_1(t) \left[1 - \dfrac{D(t)}{\omega_1(t)} - \alpha(t) \dfrac{R(t)}{\omega_2(t)} \right] D(t) \\ \dfrac{d\,\omega_1(t)}{d(t)} = \theta_1(t)\,\omega_1(t) + \varphi_1(t) \end{cases} \tag{4-9}$$

实体经济 $R(t)$ 的增长方程与动态最大环境容量 $\omega_2(t)$ 的方程，其中 $\theta_2(t)$ 、$\varphi_2(t)$ 是随时间变化的参数，$\omega_2(t)$ 表示影响增长率的外部因素，公式如下：

$$\begin{cases} \dfrac{dR(t)}{d(t)} = \varepsilon_2(t)\left[1 - \dfrac{R(t)}{\omega_2(t)} - \beta(t)\dfrac{D(t)}{\omega_1(t)}\right]R(t) \\ \dfrac{d\,\omega_2(t)}{d(t)} = \theta_2(t)\,\omega_2(t) + \varphi_2(t) \end{cases} \tag{4-10}$$

其中，$\alpha(t)$ 和 $\beta(t)$ 仍表示随时间变化的竞争系数，它们反映实体经济与数字经济在争夺资源、市场或技术等方面的直接冲突程度。而 $\varepsilon_1(t)$ 、$\varepsilon_2(t)$ 、$\omega_1(t)$ 、$\omega_2(t)$ 则是新引入的变量，共同解释实体经济与数字经济在协同演化过程中的动态增长特性和环境容纳能力的变化。

结合公式（4－8）、公式（4－9）和公式（4－10），在考虑数字经济和实体经济发展受动态环境影响和彼此间协同演化因子影响情况下，可得到增长模型如下：

$$\begin{cases} \dfrac{dD(t)}{d(t)} = \varepsilon_1(t)\left[1 - \dfrac{D(t)}{\omega_1(t)} - \alpha(t)\dfrac{R(t)}{\omega_2(t)}\right]D(t) \\ \dfrac{dR(t)}{d(t)} = \varepsilon_2(t)\left[1 - \dfrac{R(t)}{\omega_2(t)} - \beta(t)\dfrac{D(t)}{\omega_1(t)}\right]R(t) \end{cases} \tag{4-11}$$

$$\begin{cases} \dfrac{d\,\omega_1(t)}{d(t)} = \theta_1(t)\,\omega_1(t) + \varphi_1(t) \\ \dfrac{d\,\omega_2(t)}{d(t)} = \theta_2(t)\,\omega_2(t) + \varphi_2(t) \end{cases} \tag{4-12}$$

其中，$\theta_1(t)$ 和 $\theta_2(t)$ 表示环境容量的自然增长率（或衰减率），$\varphi_1(t)$ 和 $\varphi_2(t)$ 表示外部因素对环境容量的影响。

（2）数字经济与实体经济独立增长与单向影响型。

在这种情况下，公式（4－7）中可根据不同参数调整为如下：

①当 $\alpha=0$，且 $\beta>0$ 时，

$$\begin{cases}\dfrac{dD(t)}{d(t)}=\gamma_D\left[1-\dfrac{D(t)}{D_m}\right]D(t)\\ \dfrac{dR(t)}{d(t)}=\gamma_R\left[1-\dfrac{R(t)}{R_m}-\beta\dfrac{D(t)}{D_m}\right]R(t)\end{cases}\tag{4-13}$$

②当 $\alpha>0$，且 $\beta=0$ 时，

$$\begin{cases}\dfrac{dD(t)}{d(t)}=\gamma_D\left[1-\dfrac{D(t)}{D_m}-\alpha\dfrac{R(t)}{R_m}\right]D(t)\\ \dfrac{dR(t)}{d(t)}=\gamma_R\left[1-\dfrac{R(t)}{R_m}\right]R(t)\end{cases}\tag{4-14}$$

③当 $\alpha=0$，且 $\beta<0$ 时，

$$\begin{cases}\dfrac{dD(t)}{d(t)}=\gamma_D\left[1-\dfrac{D(t)}{D_m}\right]D(t)\\ \dfrac{dR(t)}{d(t)}=\gamma_R\left[1-\dfrac{R(t)}{R_m}+|\beta|\dfrac{D(t)}{D_m}\right]R(t)\end{cases}\tag{4-15}$$

④当 $\alpha<0$，且 $\beta=0$ 时，

$$\begin{cases}\dfrac{dD(t)}{d(t)}=\gamma_D\left[1-\dfrac{D(t)}{D_m}+|\alpha|\dfrac{R(t)}{R_m}\right]D(t)\\ \dfrac{dR(t)}{d(t)}=\gamma_R\left[1-\dfrac{R(t)}{R_m}\right]R(t)\end{cases}\tag{4-16}$$

在公式（4－13）、公式（4－14）、公式（4－15）、公式（4－16）中，数字经济和实体经济的最大成长容量分别为 D_m 和 R_m，进一步考虑数字经济和实体经济共同组成的联合生态系统受外部环境影响，数字经济和实体经济最大成长容量是随时间变化的复杂曲线。假设 $\Delta Z(t)$ 为第 t 年外部环境影响变化量，δ_1 和 δ_2 分别是环境变化量对数字经济和实体经济种群最大成大容量的作用因子，数字经济和实体经济最大成长容量分别变为：

$$\begin{cases} D_m(t) = D_m + \delta_1 \Delta Z(t) \\ R_m(t) = R_m + \delta_2 \Delta Z(t) \end{cases} \tag{4-17}$$

将上述变化代入公式（4－13）、公式（4－14）、公式（4－15）、公式（4－16）中，调整后公式为：

①当 $\alpha=0$，且 $\beta>0$ 时，

$$\begin{cases} \dfrac{dD(t)}{d(t)} = \gamma_D \left[1 - \dfrac{D(t)}{D_m + \delta_1 \Delta Z(t)} \right] D(t) \\ \dfrac{dR(t)}{d(t)} = \gamma_R \left[1 - \dfrac{R(t)}{R_m + \delta_2 \Delta Z(t)} - \beta \dfrac{D(t)}{D_m + \delta_1 \Delta Z(t)} \right] R(t) \end{cases} \tag{4-18}$$

②当 $\alpha>0$，且 $\beta=0$ 时，

$$\begin{cases} \dfrac{dD(t)}{d(t)} = \gamma_D \left[1 - \dfrac{D(t)}{D_m + \delta_1 \Delta Z(t)} - \alpha \dfrac{R(t)}{R_m + \delta_2 \Delta Z(t)} \right] D(t) \\ \dfrac{dR(t)}{d(t)} = \gamma_R \left[1 - \dfrac{R(t)}{R_m + \delta_2 \Delta Z(t)} \right] R(t) \end{cases} \tag{4-19}$$

③当 $\alpha=0$，且 $\beta<0$ 时，

$$\begin{cases} \dfrac{dD(t)}{d(t)} = \gamma_D \left[1 - \dfrac{D(t)}{D_m + \delta_1 \Delta Z(t)} \right] D(t) \\ \dfrac{dR(t)}{d(t)} = \gamma_R \left[1 - \dfrac{R(t)}{R_m + \delta_2 \Delta Z(t)} + |\beta| \dfrac{D(t)}{D_m + \delta_1 \Delta Z(t)} \right] R(t) \end{cases} \tag{4-20}$$

④当 $\alpha<0$，且 $\beta=0$ 时，

$$\begin{cases} \dfrac{dD(t)}{d(t)} = \gamma_D \left[1 - \dfrac{D(t)}{D_m + \delta_1 \Delta Z(t)} + |\alpha| \dfrac{R(t)}{R_m + \delta_2 \Delta Z(t)} \right] D(t) \\ \dfrac{dR(t)}{d(t)} = \gamma_R \left[1 - \dfrac{R(t)}{R_m + \delta_2 \Delta Z(t)} \right] R(t) \end{cases} \tag{4-21}$$

4.1.2.2　参数评估方法

数字经济和实体经济两个种群增长模型中的自然增长率 $\varepsilon_1(t)$ 、$\varepsilon_2(t)$ 以及最大环境容量 $\omega_1(t)$ 、$\omega_2(t)$ 均受两种群协同系数影响而随时间变化，无法通过简单计算得到。在种群演化过程中动态复杂参数处理方法基础上，本书采用四步骤估计模型参数。

第一步：明确数字经济和实体经济之间的协同系数，计算两个种群的自然增长率 $\varepsilon_1(t)$ 和 $\varepsilon_2(t)$ 以及最大环境容量 $\omega_1(t)$ 和 $\omega_2(t)$ 。

以“年”为单位，数字经济和实体经济在微观区间内的种群密度曲线近似于区间两端点相连直线的斜率且种群密度值与直线均值接近，表明在短时间内，可使用线性近似估计种群密度的变化，公式（4-11）可演化为如下公式：

$$\begin{cases} \Delta D_1(t_{i+1}) = \varepsilon_1(t_{i+1})\,\overline{D_1}(t_{i+1})\left[1 - \dfrac{\overline{D_1}(t_{i+1})}{\omega_1(t_{i+1})}\right] \\ \Delta R_1(t_{i+1}) = \varepsilon_2(t_{i+1})\,\overline{R_1}(t_{i+1})\left[1 - \dfrac{\overline{R_1}(t_{i+1})}{\omega_2(t_{i+1})}\right] \end{cases} \tag{4-22}$$

其中，数字经济和实体经济在时间 t_{i+1} 的种群变化量分别为 ΔD_1 和 ΔR_1 ，分别受到各自的自然增长率 ε_1 和 ε_2 、当前种群密度 $\overline{D_1}$ 和 $\overline{R_1}$ ，以及最大环境容量 ω_1 和 ω_2 的影响。

进一步分析，数字经济和实体经济在受协同演化因子影响下的最大环境容量方程，具体如下：

$$\begin{cases} \omega_1(t_{i+1}) = \dfrac{\varepsilon_1(t_{i+1})\,\overline{D_1}(t_{i+1})}{\Delta D_1(t_{i+1})}, \varepsilon_1(t_{i+1}) > \dfrac{\Delta D_1(t_{i+1})}{\overline{D_1}(t_{i+1})} \\ \omega_2(t_{i+1}) = \dfrac{\varepsilon_2(t_{i+1})\,\overline{R_1}(t_{i+1})}{\Delta R_1(t_{i+1})}, \varepsilon_2(t_{i+1}) > \dfrac{\Delta R_1(t_{i+1})}{\overline{R_1}(t_{i+1})} \end{cases} \tag{4-23}$$

与第一步分析类似，计算自然增长率，对公式（4-22）进一步演化如下：

$$\begin{cases} \varepsilon_1(t_{i+1}) = \dfrac{\Delta D_1(t_{i+1})}{\overline{D_1}(t_{i+1})\left[1-\dfrac{\overline{D_1}(t_{i+1})}{\omega_1(t_{i+1})}\right]} \\ \varepsilon_2(t_{i+1}) = \dfrac{\Delta R_1(t_{i+1})}{\overline{R_1}(t_{i+1})\left[1-\dfrac{\overline{R_1}(t_{i+1})}{\omega_2(t_{i+1})}\right]} \end{cases} \tag{4-24}$$

依据第一步已计算的数据，在此基础上，假设数字经济最大环境容量 $\omega_1(t_{i+1})$ 和实体经济最大环境容量 $\omega_2(t_{i+1})$ 分别为 200、300。

数字经济自然增长率 $\varepsilon_1(t_{i+1})$ 为：

$$\varepsilon_1(t_{i+1}) = \frac{20}{110\times\left(1-\dfrac{110}{200}\right)} \approx 4.04 \tag{4-25}$$

实体经济自然增长率 $\varepsilon_2(t_{i+1})$ 为：

$$\varepsilon_2(t_{i+1}) = \frac{10}{155\times\left(1-\dfrac{155}{300}\right)} \approx 1.32 \tag{4-26}$$

第二步：求解数字经济和实体经济独立发展过程中的内禀增长率 γ_D 和 γ_R 以及两个种群的最大环境容量 D_m 和 R_m。

以“年”为单位对数字经济与实体经济的演化历程进行阶段性划分，两者种群密度在宏观层面上的变迁轨迹，实则是由各个时间区间内微观演化动态相互衔接而构成的。假设在单位区间内的种群密度增量分别为 $\Delta D_m(t_{i+1})$ 和 $\Delta R_m(t_{i+1})$，种群密度均值分别为 $\overline{D_1}(t_{i+1})$ 和 $\overline{R_1}(t_{i+1})$，则种群密度增量和种群均值关系如下：

$$\begin{cases} \Delta D_1(t_{i+1}) = D_1(t_{i+1}) - D_1(t_i) \\ \Delta R_1(t_{i+1}) = R_1(t_{i+1}) - R_1(t_i) \end{cases} \tag{4-27}$$

$$\begin{cases} \overline{D_1}(t_{i+1}) = [D_1(t_{i+1}) + D_1(t_i)]/2 \\ \overline{R_1}(t_{i+1}) = [R_1(t_{i+1}) + R_1(t_i)]/2 \end{cases} \tag{4-28}$$

根据上述假设，$\mathrm{d}D_1(t+1)/\mathrm{d}t$ 和 $\mathrm{d}R_1(t+1)/\mathrm{d}t$ 可按照如下方程式计算：

$$\begin{cases}\dfrac{\mathrm{d}D_1(t+1)}{\mathrm{d}t}\approx\Delta D_1(t_{i+1})\\[2ex]\dfrac{\mathrm{d}R_1(t+1)}{\mathrm{d}t}\approx\Delta R_1(t_{i+1})\end{cases}\tag{4-29}$$

由公式（4-29）可知，在以“年”为单位的区间内，种群独立增长曲线斜率与区间内两端点相连的直线斜率接近，区间内种群密度可采用本区间内均值，则式（4-27）可调整为：

$$\begin{cases}\Delta D_1(t_{i+1})=\gamma_1\overline{D_1}(t_{i+1})\left[1-\dfrac{\overline{D_1}(t_{i+1})}{D_{m1}(t_{i+1})}\right]\\[3ex]\Delta R_1(t_{i+1})=\gamma_2\overline{R_1}(t_{i+1})\left[1-\dfrac{\overline{R_1}(t_{i+1})}{R_{m1}(t_{i+1})}\right]\end{cases}\tag{4-30}$$

整理可得最大环境容量迭代公式如下：

$$\begin{cases}D_{m1}(t_{i+1})=\left[\dfrac{\gamma_1\overline{D_1}(t_{i+1})}{\gamma_1-\dfrac{\Delta D_1(t_{i+1})}{\overline{D_1}(t_{i+1})}}\right]\\[5ex]R_{m1}(t_{i+1})=\left[\dfrac{\gamma_2\overline{R_1}(t_{i+1})}{\gamma_2-\dfrac{\Delta R_1(t_{i+1})}{\overline{R_1}(t_{i+1})}}\right]\end{cases}\tag{4-31}$$

进一步分析公式（4-31）可知，由于最大环境容量始终为正数，因此两种群的内禀增长率取值范围如下：

$$\begin{cases}\gamma_1>\dfrac{\Delta D_1(t_{i+1})}{\overline{D_1}(t_{i+1})}\\[3ex]\gamma_2>\dfrac{\Delta R_1(t_{i+1})}{\overline{R_1}(t_{i+1})}\end{cases}\tag{4-32}$$

根据上述模型与公式，假设在时间区间 t_i 到 t_{i+1} 内，数字经济的种群

密度 $D_1(t_i)$ 和 $D_1(t_{i+1})$ 分别为 100、120；实体经济的种群密度 $R_1(t_i)$ 和 $R_1(t_{i+1})$ 分别为 150、160，上述数字分别代入公式（4－27）和公式（4－28）。

数字经济种群密度的均值：

$$\overline{D_1}(t_{i+1}) = \frac{D_1(t_{i+1}) + D_1(t_i)}{2} \tag{4-33}$$

$$\overline{D_1}(t_{i+1}) = \frac{120 + 100}{2} = 110 \tag{4-34}$$

数字经济种群密度的增量：

$$\Delta D_1(t_{i+1}) = D_1(t_{i+1}) - D_1(t_i) \tag{4-35}$$

$$\Delta D_1(t_{i+1}) = 120 - 100 = 20 \tag{4-36}$$

实体经济种群密度的均值：

$$\overline{R_1}(t_{i+1}) = \frac{160 + 150}{2} = 155 \tag{4-37}$$

实体经济种群密度的增量：

$$\Delta R_1(t_{i+1}) = 160 - 150 = 10 \tag{4-38}$$

根据公式（4－32），计算出数字经济和实体经济的内禀增长率 γ_1 和 γ_2 的取值范围：

$$\gamma_1 > \frac{\Delta D_1(t_{i+1})}{\overline{D_1}(t_{i+1})} = \frac{20}{115} \approx 0.1818 \tag{4-39}$$

$$\gamma_2 > \frac{\Delta R_1(t_{i+1})}{\overline{R_1}(t_{i+1})} = \frac{10}{155} \approx 0.0645 \tag{4-40}$$

关于计算出种群密度均值和增量的作用，其中，种群密度均值表示在时间区间内种群密度的平均水平，种群密度增量表示在时间区间内种群密度的变化量，内禀增长率的取值范围表示在理想条件下（即无环境限制、资源充足等），种群的增长速度。

第三步：前两步已根据假设分别计算出数字经济与实体经济的种群密度均值 $\overline{D_1}(t_{i+1})$ 与 $\overline{R_1}(t_{i+1})$、种群密度增量 $\Delta D_1(t_{i+1})$ 与 $\Delta R_1(t_{i+1})$、内

禀增长率 γ_1 和 γ_2 以及自然增长率 $\varepsilon_1(t_{i+1})$ 与 $\varepsilon_2(t_{i+1})$ 。同时，可通过式(4-9)和式(4-10)得到 α 、β 的最佳预估值。

第四步：基于已知的数据和假设，使用优化算法估计参数 $\alpha(t)$ 、$\beta(t)$ 。构建数字经济目标函数和实体经济目标函数，用于衡量参数估计的准确性。

数字经济目标函数：

$$E_D = \sum_{i=1}^{N}\left[\frac{\Delta D_1(t_{i+1})}{\Delta t \cdot \overline{D_1}(t_i)} - \varepsilon_1(t_{i+1})\left(1 - \frac{\overline{D_1}(t_{i+1})}{\omega_1(t_{i+1})} - \alpha(t_i)\frac{\overline{R_1}(t_{i+1})}{\omega_2(t_{i+1})}\right)\right]^2 \tag{4-41}$$

实体经济目标函数：

$$E_R = \sum_{i=1}^{N}\left[\frac{\Delta R_1(t_{i+1})}{\Delta t \cdot \overline{R_1}(t_i)} - \varepsilon_2(t_{i+1})\left(1 - \frac{\overline{R_1}(t_{i+1})}{\omega_2(t_{i+1})} - \beta(t_i)\frac{\overline{D_1}(t_{i+1})}{\omega_1(t_{i+1})}\right)\right]^2 \tag{4-42}$$

其中，N 表示时间区间的数量，Δt 表示时间区间的长度，$\overline{D_1}(t_i)$ 和 $\overline{R_1}(t_i)$ 分别表示数字经济和实体经济在时间区间 i 内的种群密度均值，$\Delta D_1(t_{i+1})$ 和 $\Delta R_1(t_{i+1})$ 分别表示数字经济和实体经济在时间区间 $(i+1)$ 内的种群密度增量，$\varepsilon_1(t_{i+1})$ 和 $\varepsilon_2(t_{i+1})$ 分别表示数字经济和实体经济在时间区间 $(i+1)$ 内的自然增长率，$\omega_1(t_{i+1})$ 和 $\omega_2(t_{i+1})$ 分别表示数字经济和实体经济时间区间 $(i+1)$ 内的最大环境容量。

4.1.3　数字经济与实体经济协同演化模式分析

4.1.3.1　指标选取

在构建数字经济与实体经济协同演化的分析框架时，本书首先明确数据选取的范围与维度。就数据范围而言，鉴于数据的时效性和获取性，研究聚焦于煤炭资源型区域，以探讨数字经济与实体经济的相互作用。在数据维度的设定上，尽管实体经济与数字经济不等同于生物学中的种群概念，但学术界普遍采用企业数量、生产总值、产业增加值、投资额及从业人数等经济指标作为衡量产业"种群生物量"的参考（Lawal 等，2021）。上述指标经过标准化处理和权重分配后，可综合形成反映产业规模的替代指标。

通过上述多维度的数据构建与分析，本书旨在更全面地揭示数字经济与实体经济协同演化的内在机理及外部影响因素，为相关政策制定提供科学依据。在结合上述指标选择思路基础上，按照科学性、系统性、可得性原则，从数字经济和产业升级两个维度构建数字经济和实体经济种群密度统计数据，具体数据来源见第 3.2.2 节，各维度内二级数据指标选择如表 4－3 所示。

表 4－3　　数字经济与实体经济发展指标体系

指标名称	序号	评级维度	指标释义	单位
数字经济	A1	科学技术支出	国家（地区）科技创新重视程度	万元
	A2	普惠金融数字化程度	普惠金融领域利用数字技术提升金融服务效率和覆盖面程度	%
产业升级	B1	产业结构合理化	产业符合经济发展的客观比例关系	%
	B2	专利授权数	国家或地区科技创新能力和知识产权保护水平	件

4.1.3.2　演化模式分析

本书使用 MATLAB 软件进行演化分析，具体过程如下：

第一步：使用公式（4－22）至公式（4－26）测算 2012—2021 年数字经济和实体经济竞争与合作状态下每年的自然增长率 $\varepsilon(t)$ 以及最大环境容量 $\omega(t)$ 。根据上述假设数字经济最大环境容量 $\omega_1(t_{i+1})$ 和实体经济最大环境容量 $\omega_2(t_{i+1})$ 分别为 200、300。公式（4－25）和公式（4－26）自然增长率系数分别为 4.04、1.32。

数字经济种群密度（选用 2012—2021 年科学技术支出额）：将所有年

份、所有省份城市的科学技术支出数据相加，然后除以数据点的总数（即年份数×省份城市数）。见图4-3。

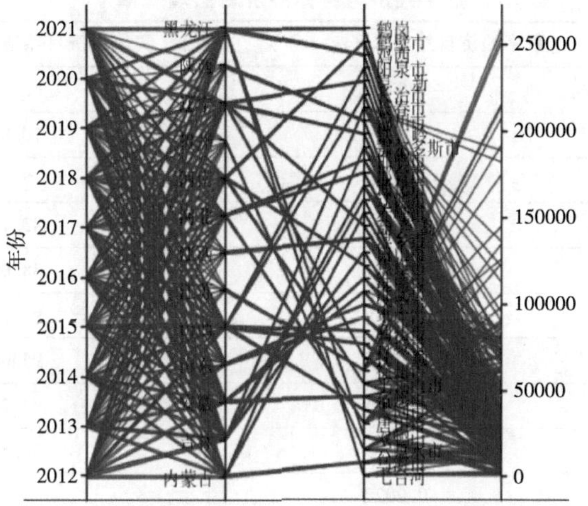

图4-3　数字经济（科学技术支出A1）种群密度D_1

实体经济种群密度（参考2012—2021年产业结构合理化程度）：将所有年份和所有省份的实体经济种群密度值相加，然后除以总的年份和省份数量，即（年份数×省份数）。见图4-4。

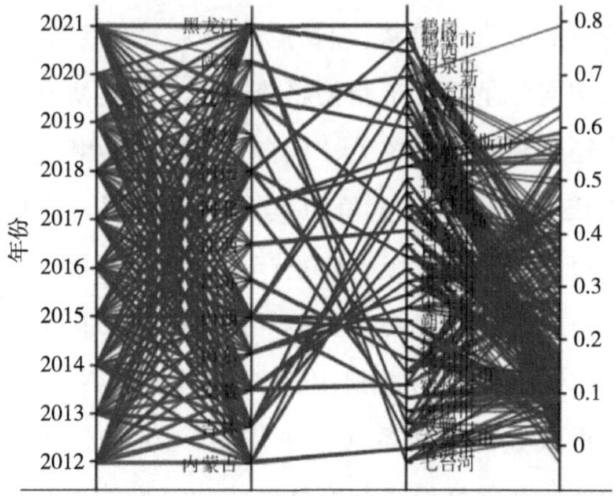

图4-4　实体经济（产业结构合理化B1）种群密度R_1

表4－4为数字经济自然增长率，选用各省份城市科学技术支出维度（A1）以及产业结构合理化维度（B1）作为主要数据进行计算分析：

表4－4　　数字经济与实体经济自然增长率

年份	数字经济自然增长率 ε_1（%）	实体经济自然增长率 ε_2（%）
2012	-2.2725	63.36
2013	-1.6160	70.84
2014	-1.0605	77.44
2015	-0.6060	83.16
2016	-0.3151	88.00
2017	-0.0889	91.96
2018	0.0727	95.04
2019	0.1515	97.24
2020	0.1939	98.56
2021	0.2020	99.00

从图4－2、图4－3及表4－4可知，各省份城市数字经济种群密度与其自然增长率呈现正相关关系。科学技术支出较高的省份，其数字经济种群密度也相对较大，同时伴随着较高的自然增长率。例如，江苏省徐州市，有高度的技术创新能力和科技投入，数字经济种群密度位居前列，且自然增长率连续多年保持正增长。有学者提出数字经济与实体经济的协同演化是当前经济发展的重要趋势（郭东和李琳，2025），实体经济种群密度与其自然增长率同样呈现出正相关趋势。产业结构更加合理、优化升级的城市，其实体经济种群密度较大，且自然增长率也相对较高。反映产业结构合理化对于提升实体经济竞争力具有重要作用。例如，河北省邢台市、辽宁省阜新市实现产业升级、注重产业链协同发展。

扩大至全国范围，数字经济与实体经济呈现出协同演化的趋势。数字经济通过数字技术的赋能，渗透到生产、分配、交换、消费等各个环节，与实体经济部门形成紧密的联系（张少华等，2024）。以部分一线城市及新兴发展城市为例，在数字经济与实体经济两方面均取得显著进步。这些城市在科技支出、产业结构优化等方面持续发力，数实融合的逐步深化，产业发展中的市场竞争将加剧，技术落后的产业将被具有强大技术能力和高创新力的产业所取代，推动产业结构的转型升级（Zhang 等，2022），不仅提升数字经济的种群密度和自然增长率，也推动实体经济的转型升级。由此可知，数字经济与实体经济并非独立发展的，而是相互促进、协同发展的。

第二步：使用公式（4－27）至公式（4－40）测算 2012—2021 年数字经济和实体经济独立增长与单向影响状态下每年的内禀增长率 γ 和最大环境容量 D，如表 4－5、表 4－6 所示。

如表 4－5、表 4－6 和图 4－5、图 4－6 所示，数字经济的内禀增长率在 2012—2021 年保持相对稳定，是由于数字经济持续的技术创新和市场扩张。其最大环境容量呈现出先增后减的趋势，原因包括技术进步和创新推动数字经济的扩张，市场需求的变化影响数字经济的增长潜力，以及政策支持和监管环境对数字经济的发展产生影响。相比之下，实体经济的内禀增长率较低且波动较小，这与实体经济面临的传统行业压力和市场竞争有关。实体经济的最大环境容量呈现出一定的波动性，受传统行业的转型和升级的影响，市场竞争的加剧导致实体经济最大环境容量的波动，以及宏观经济环境和政策变化对实体经济产生的影响。

表 4－5　　数字经济与实体经济最大环境容量

年份	数字经济最大环境容量 D_m	实体经济最大环境容量 R_m
2012	200.00	300.00
2013	200.58	302.30
2014	200.90	299.98
2015	201.59	302.15
2016	201.95	303.43
2017	202.44	302.90
2018	202.75	301.25
2019	203.16	301.21
2020	202.71	302.04
2021	203.41	302.26

表 4-6　　数字经济与实体经济内禀增长率

年份	数字经济内禀增长率 γ_1	实体经济内禀增长率 γ_2
2012	0.13	0.11
2013	0.16	0.16
2014	0.21	0.18
2015	0.23	0.15
2016	0.24	0.08
2017	0.25	0.14
2018	0.17	0.07
2019	0.19	0.11
2020	0.22	0.10
2021	0.18	0.06

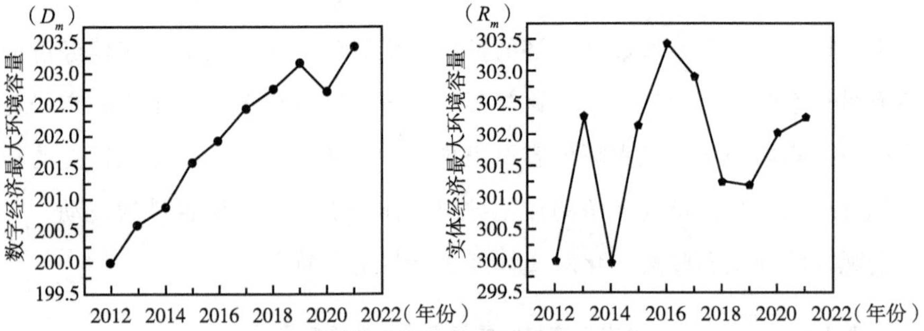

图 4-5　数字经济与实体经济最大环境容量变化趋势图

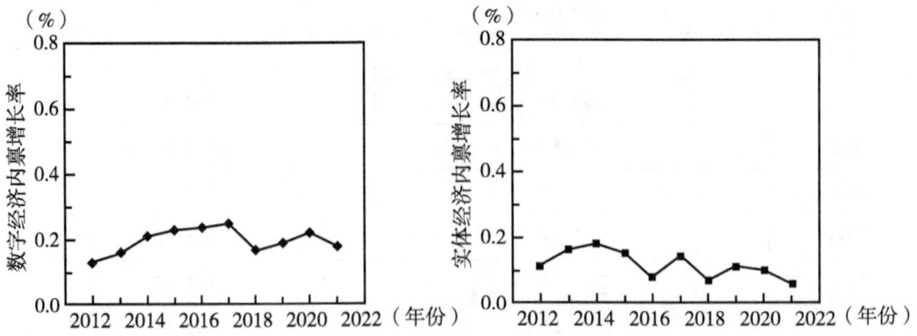

图 4-6　数字经济与实体经济内禀增长率变化趋势图

第三步：通过第一步，得到数字经济和实体经济竞争与合作状态下每年的自然增长率 $\varepsilon(t)$ 以及最大环境容量 $\omega(t)$ 。通过第二步，得到数字经济和实体经济独立增长与单向影响状态下每年的内禀增长率 γ 和最大环境容量 D 。将上述参数代入公式（4－11）至公式（4－16），进而得到2012—2021年A1、A2、B1、B2共四种维度下的 α 值和 β 值。

第四步：分别对A1、A2、B1、B2四个维度数据进行标准化处理后，得到各指标信息熵值。通过信息熵值将各维度指标下的 α 与 β 再进行加权处理，使得 α 与 β 更为客观，具体数据如表4－7所示：

表4－7　2012—2021年数字经济和实体经济各维度协同演化数值

年份	A1α	A2α	B1α	B2α	A1β	A2β	B1β	B2β
2012	1.00	0.18	1.47	0.39	－0.01	0.82	－0.47	0.61
2013	1.17	0.15	1.47	0.47	－0.17	0.85	－0.47	0.53
2014	1.14	0.31	1.38	0.45	－0.14	0.69	－0.38	0.55
2015	1.29	0.04	1.31	0.55	－0.29	0.96	－0.31	0.45
2016	1.46	0.16	1.17	0.59	－0.46	0.84	－0.17	0.41
2017	1.55	0.02	1.15	0.61	－0.55	0.98	－0.15	0.39
2018	1.71	0.01	1.55	0.72	－0.71	0.99	－0.55	0.28
2019	1.87	0.01	1.48	0.83	－0.87	0.99	－0.48	0.17
2020	1.89	0.01	1.74	1.49	－0.89	0.99	－0.74	－0.49
2021	2.12	0.01	1.55	2.01	－1.21	0.99	－0.55	－1.01

在图4－7中，A1α，表示科学技术支出对应的数字经济指标；A2α，表示普惠金融数字化程度对应的数字经济指标；B1α，表示产业结构合理化对应的数字经济指标；B2α，表示专利授权数对应的数字经济指标；A1β，表示科学技术支出对应的实体经济指标；A2β，表示普惠金融数字化程度对应的实体经济指标；B1β，表示产业结构合理化对应的实体经济指标；B2β，表示专利授权数对应的实体经济指标。

从表4－7和图4－7（纵轴代表数字经济 α 和实体经济 β 的数值大小）可以看出，科学技术支出对数字经济和实体经济均有显著影响。科学技术的投入可能直接推动数字经济的发展（钞小静等，2025），此外，科学技术中的区块链技术改变在线数据与交易的管理和共享方式，通过创建安

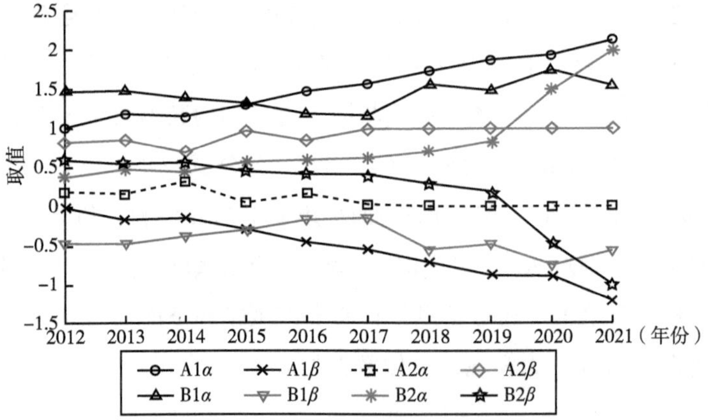

图 4－7　2012—2021 年数字经济和实体经济协同演化趋势图

全、透明且去中心化的账本，促进数字经济发展（Pineda 等，2024）。普惠金融数字化程度作为数字经济的重要组成部分，有效促进金融服务的普及和效率提升，进而推动数字经济的发展（夏杰长和张雅俊，2024）。同时也对实体经济产生积极效应，如降低融资成本、提高资金利用效率（Ning 等，2022）；产业结构的优化和升级是实体经济高质量发展的重要标志（王文姬和戴小红，2024）。通过调整产业结构，可以促进资源的有效配置和产业的协同发展，进而推动实体经济的增长。

从上述分析中可以看出，数字经济 α 在多个指标上都呈现出显著的上升趋势，而实体经济 β 虽然变化可能不如数字经济显著，但也在稳步增长或保持稳定。这些表明数字经济与实体经济之间正在形成“竞争与合作并存”的发展关系。

4.1.4　数字经济与实体经济协同演化路径仿真

有学者利用中国 31 个省份面板数据，研究发现数字经济有效促进实体经济的增长（Liu 等，2024）。为进一步探索煤炭资源型区域数字经济和实体经济在各类协同演化关系下的发展态势，本书以公式（4－8）为基础，采用 2021 年实体经济和数字经济相应种群内禀增长率（$\gamma_1=0.18$，$\gamma_2=0.06$），最大环境容量（$D_m=203.41$，$R_m=302.26$）数据，假设时间跨度为 30 年，对 α 和 β 进行赋值仿真，模拟数字经济和实体经济在各类协同模式下发展情况。

（1）竞争共生模式。

从图 4－8 可知，数字经济和实体经济处于竞争共生模式（即：$\alpha>0$，$\beta>0$）时，种群密度数量增长趋势受协同演化因子相对强弱影响。期初，数字经济种群密度高于实体经济种群密度（即：$\alpha=0.2$，$\beta=0.5$），实体经济增加值受数字经济影响有所下滑。数字经济因技术创新和政策支持快速增长，吸引大量投资（崔琳昊和冯烽，2024），推动其种群密度迅速上升；而实体经济则因传统业务受到冲击面临调整压力，种群密度增长放缓。在第 10 年，数字经济的种群数量处于中等增长水平；实体经济的种群数量达到顶峰或接近顶峰。表明数字经济和实体经济在种群数量上存在一定的竞争关系。随着数字经济的增长，实体经济的种群数量可能受到一定程度的挤压或影响。但这种竞争并非完全排斥性的，因为两者并存且都呈现出增长的趋势（尽管实体经济的增长可能较为缓慢或呈现波动）。

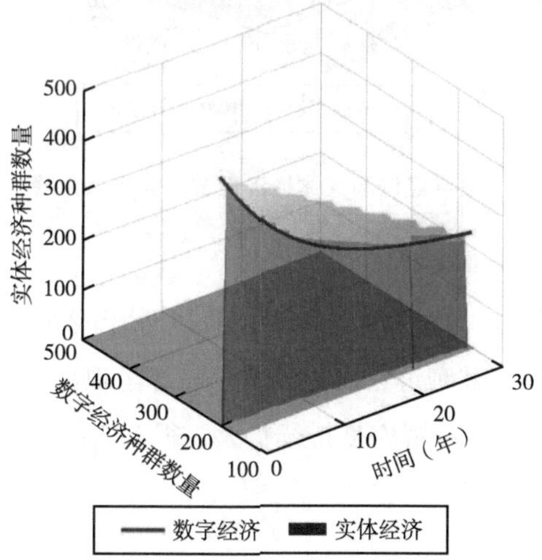

图 4－8　数字经济和实体经济竞争共生模式仿真

（2）促进—竞争共生模式。

从图4-9可知，数字经济和实体经济处于促进—竞争共生模式（即：$\alpha<0, \beta>0$）时，协同演化因素为正的一方寄生在另一方（即：$\alpha=-0.2$，$\beta=0.5$），数字经济凭借技术创新和高效运营，种群密度迅速增长，而实体经济则因结构调整和技术转型相对滞后，增长较为平缓。随着普惠金融数字化程度加深，数字技术的发展，两者共同为经济活动创造新的平台，支持信贷和投资决策的制定，提高金融产品和服务的可获得性（Reshetnikova等，2021），在此基础上，实体经济逐渐找到与数字经济融合发展的路径，种群密度开始加速增长。

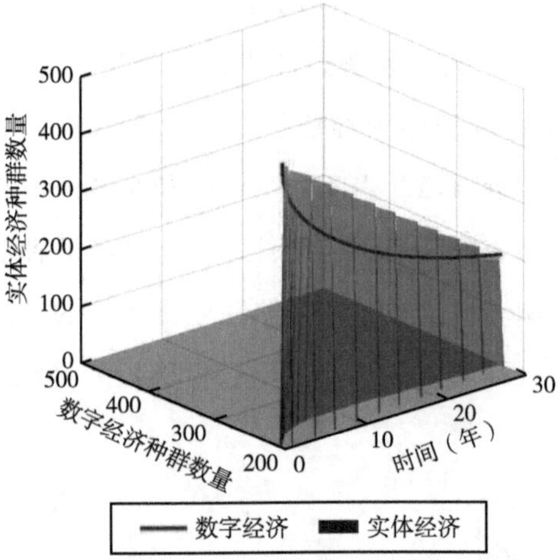

图4-9　数字经济和实体经济促进—竞争共生模式仿真

（3）竞争—促进共生模式。

从图4-10可知，数字经济和实体经济处于竞争—促进共生模式时（即：$\alpha>0, \beta<0$），其种群密度数量增长趋势呈现出显著的互动特征。随着时间推移，数字经济种群密度持续扩大，得益于技术创新和高效运营模式的双重驱动。

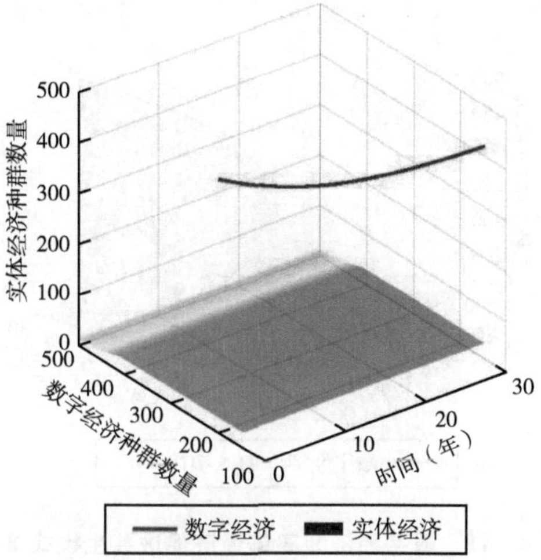

图4－10 数字经济和实体经济竞争—促进共生模式仿真

在此过程中，科学技术支出的增加为数字经济提供源源不断的创新动力，产业结构的合理化调整促使实体经济逐步优化资源配置（陈宪，2024），提升与数字经济的协同效率。专利授权数的不断增加，则体现实体经济在技术创新方面的积极进展，也为数字经济与实体经济的深度融合提供了有力支撑。同时，数字经济（特别是数字金融）提高金融支持实体经济的效率（Zhu，2024）。两者在竞争中共生，在共生中促进，共同推动经济体系向更高质量、更可持续的方向发展。

（4）促进共生模式。

从图4－11可知，数字经济和实体经济处于促进共生模式时（$\alpha<0$，$\beta<0$），种群密度数量呈现出稳健的增长趋势。两者均表现出积极的发展态势（即：$\alpha=-0.2$，$\beta=-0.5$），其中数字经济尤为突出，种群密度增长更为迅速。也有学者通过利用耦合协同模型进行测度（刘江浩和刘寒波，2024），发现两者间的融合水平不断提升，进一步证实数字经济与实体经济相互协同发展。

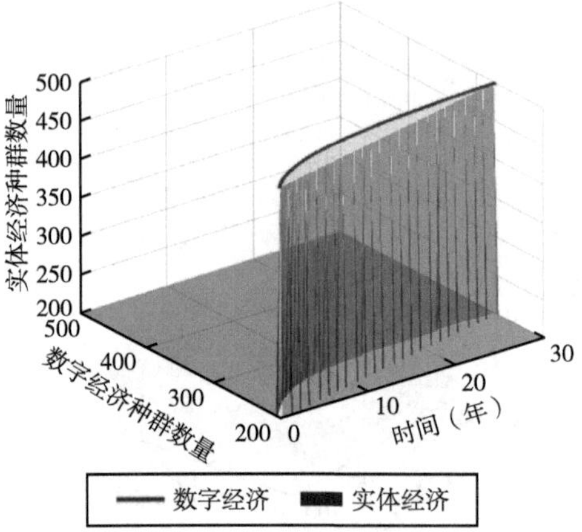

图 4－11　数字经济和实体经济促进共生模式仿真

（5）独立增长—竞争共生模式

从图 4－12 可知，数字经济和实体经济处于独立增长—竞争共生模式时（即：$\alpha=0, \beta>0$），数字经济种群数量从初始阶段开始迅速增长，达到最高点 300 后，随着时间的推移逐渐趋于平稳并略有下降，但仍保持在较高水平。这反映数字经济在技术创新、市场拓展等方面的强大动力和持续影响力。相比之下，实体经济的增长趋势较为平缓，从 0 开始逐渐上升到最高点 100，然后略有下降并稳定在 50 左右。这表明实体经济在面临数字经济竞争的同时，也在不断调整和优化自身结构，以实现稳定增长。在独立增长阶段，数字经济与实体经济各自发展，但随着时间的推移，两者之间的竞争日益激烈。

（6）竞争共生—独立增长模式。

从图 4－13 可知，数字经济和实体经济处于竞争共生—独立增长模式时（$\alpha>0, \beta=0$），在初始阶段，数字经济种群数量迅速崛起，展现出强大的增长动力，而实体经济则相对平稳增长。随着时间的推移，数字经济种群数量逐渐放缓，但仍保持较高位势，显示出其在经济体系中的重要地位。与此同时，实体经济在竞争的压力下，不断调整优化自身结构，实现稳定增长（赵佳丽等，2024）。

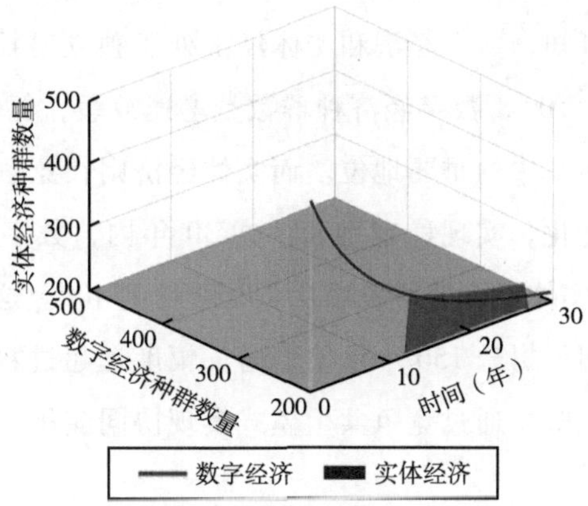

图4－12 数字经济和实体经济独立增长—竞争共生模式仿真

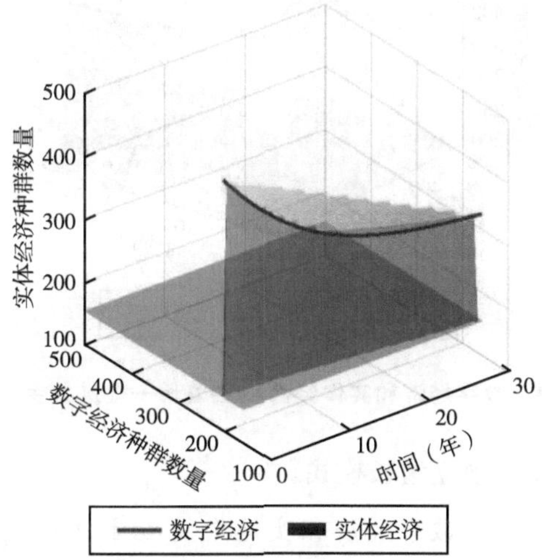

图4－13 数字经济和实体经济竞争共生—独立增长模式仿真

从协同演化的角度看，数字经济与实体经济在竞争共生—独立增长模式下，通过技术创新、产业升级等方式实现深度融合。数字经济的快速发展为实体经济提供新动力，而实体经济的稳定增长则为数字经济提供广阔市场空间（边作为，2024）。两者在协同演化中共同推动经济体系的持续健康发展。

（7）独立增长—促进共生模式。

从图 4－14 可知，数字经济和实体经济处于独立增长—促进共生模式时（即：$\alpha=0$，$\beta<0$），数字经济种群数量增速放缓，但仍保持高位运行，显示出其在经济体系中的重要地位。而实体经济则在竞争与合作的双重作用下，不断调整优化，实现稳定增长。在 30 年内，数字经济的增长率从 450 增长到 500；实体经济的增长率从 250 增长到 400。这表明实体经济的增长率在这段时间里提升 150 个单位，增长幅度远超过数字经济。实体经济在独立增长的同时，通过竞争共生模式实现协同演化。

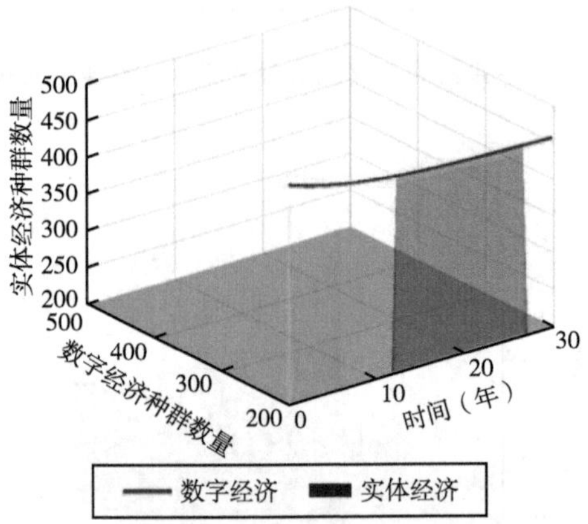

图 4－14　数字经济和实体经济独立增长—促进共生模式仿真

（8）促进共生—独立增长模式。

从图 4－15 可知，数字经济和实体经济处于促进共生—独立增长模式时（即：$\alpha<0$，$\beta=0$），在初始阶段，实体经济独立增长，数字经济种群数量在不同年份之间呈现出明显的波动和增长趋势。数字经济通过大数据、云计算、人工智能等新一代信息技术在实体经济活动中的渗透与扩散，不断推动实体经济的转型升级与效率提升（罗公利等，2024）。

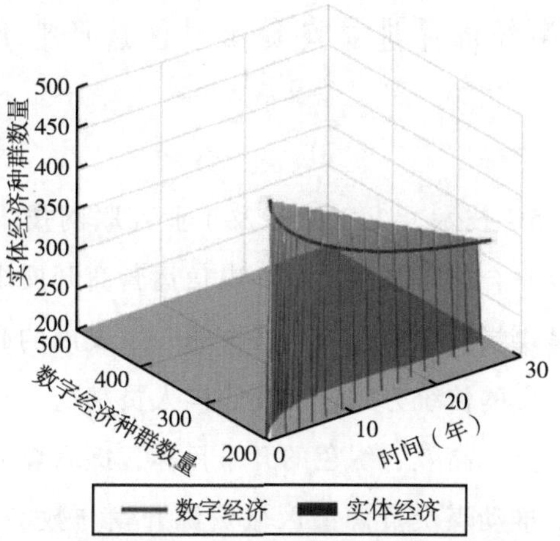

图4-15 数字经济和实体经济促进共生—独立增长模式仿真

4.2 数字经济与产业升级发展融合互促机制分析

数字经济与煤炭资源型区域产业发展深度融合，有助于共同塑造出充满活力与创新、兼顾传统与现代、融合实业与文旅的发展模式，不仅为煤炭产业注入新的生机，更在区域经济发展中展现出强大的引领作用，全方位拓展煤炭资源型区域的发展路径和价值空间（图4-16）。

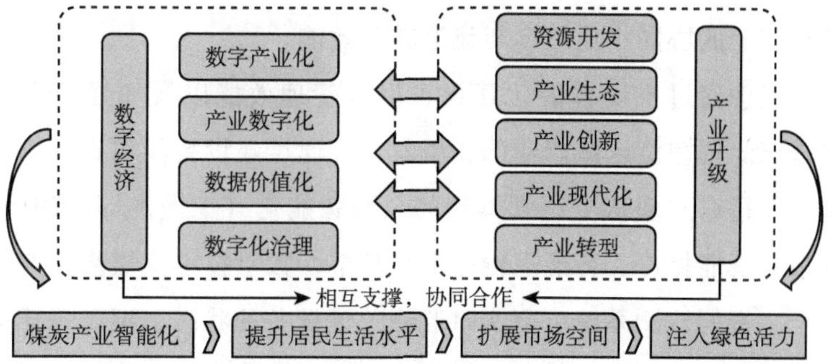

图4-16 数字经济与煤炭资源型区域产业融合发展框架图

4.2.1 数字经济促进煤炭资源型区域产业升级发展的赋能机制

借助大数据、5G技术、人工智能及工业互联网技术的飞速发展，煤炭资源型区域可以联合信息技术企业、电信运营商开展煤炭产业数字化转型探索。数字化是煤炭资源型区域产业资源开发发展的必由之路，对于从根本上改变资源开发的传统方式，加速迈向人员精简、自动化乃至无人化作业，以及实现安全、高效、绿色的开采目标，提高煤炭资源开发利用效率具有深远意义。推动煤炭资源型区域资源开发与数字技术的深度融合，可以优化煤炭资源开发的各个流程，进而促进煤炭产业实现以安全、高效、绿色、智能、健康为核心目标的高质量发展（赵敏等，2022；王虹桥等，2024）。聚焦于煤炭产运所需的全流程数字化协同，煤炭资源型区域产业可在煤炭生产矿井、在役火电厂、铁路发运站等建设前端数据采集系统，构建覆盖煤炭生产全周期管理的新模式（罗艺恒和蒋晨茜，2022）。此外，煤炭生产经营信息采集平台通过集成先进的信息技术和数据管理方法，为煤炭资源型区域产业的生产管理提供综合性服务。借助数字工具，在煤炭运输、储存、交易、物流等全生命周期，能够实现煤炭开采、煤炭分选、加工利用等全产业链效率的提升（程坤等，2024）；同时促进煤炭与电力、化工、冶金、建材等上下游产业间的高效协同与资源共享，进而提高煤炭产业的协同作业效率与流通转化效能。

数字经济通过推动智能化建设、提升管理效能以及加强产学研用合作，促进煤炭资源型区域产业的创新发展。通过建设智能矿山，煤炭资源型区域产业得以实现从生产到管理的全面智能化（王国法等，2019）。在智能开采、智能掘进、智能运输等多个环节，数字技术使煤炭生产更加高效、安全。智能监测系统可以实时监测关键设备的状态、温度、压力、震动，出现异常工况可实时报警。智能化管理系统的应用，能够实时监控生产状况、设备状态等信息，及时发现和解决潜在问题，有助于煤炭资源型区域产业提高生产效率和安全性，降低事故风险。通过促进煤炭产业与高校、科研机构的产学研用合作，有助于培养具有创新精神和实践能力的专业人才，为煤炭资源型区域产业的持续创新提供有力支撑（王辉等，2024）。数字经济通过提高先进产能占比，推动产业结构调整综合策略，提升煤炭产业的现代化生产水平。聚焦于煤炭资源型区域的产业现代化转型升级，以数字化作为关键驱动力，能够有效推进煤炭产业供给侧结构性改革的深化，从而解决产能过剩的难题，并促进煤炭产业向一体化、现代化的方向迈进，不仅增强有效供给的能力，还激发新的需求增长潜能，进而优化产品和服务的质量与效率，提升煤炭产业的综合竞争力。数字化技术赋能推动煤炭产业全方位、全链条数字化转型，构建现代化煤炭产业体系，以丰富的煤炭资源为基础，积极推进煤炭产业的数字化升级改造，促进形成绿色、智能、高效的现代煤炭产业体系（刘峰等，2024）。

在新时代的科技浪潮中，数字经济凭借大数据、云计算等先进智能算法蓬勃发展，通过运用数字孪生、数字增强及虚拟现实（VR）等创新技术，有效促进煤炭资源型区域内各类文化旅游资源得以转化，成为可溯源、可交易且可量化的资产（郑辽吉等，2024）。通过数字技术打造煤炭工业旅游景点，建设虚拟现实（VR）煤炭博物馆，游客身临其境感受煤炭开采的历史场景。这不仅可以提升区域旅游的吸引力，还可以生动形象地展示煤炭的形成过程、煤炭在工业革命中的作用以及煤炭资源型区域的历史变迁，能够以更加直观的方式向游客传递信息，改变传统单调的文字和图片展示模式。

4.2.2 煤炭资源型区域产业升级支撑数字经济发展的驱动机制

作为国民经济的重要能源产业，煤炭产业通过数智化转型，正深刻改变着其生产模式和治理体系。在煤炭资源开发的进程中，企业面临着安全生产与效率提升的双重压力。煤炭企业通过采纳数字技术，促进开发流程向数字化、智能化方向转型，旨在提升效率、削减运营成本，并强化安全保障机制。数字化转型的迫切需求，有力带动数字经济相关技术与服务领域的市场需求。此外，煤炭资源开发过程中会生成庞大的数据量，通过运用数字技术，企业能够有效采集、存储、解析并利用数据，进而发掘数据深层的价值，为企业的战略决策提供有力支撑（李芳和范海斌，2022）。智能化建设不仅为资源开发、稳定生产、保障供应提供安全屏障、技术支持和先进装备，还有助于构筑高效生产的坚实基础，进一步激发数字经济的需求，为数字经济的蓬勃发展注入新的活力与动能。

煤炭资源型区域形成的优良产业生态，为数字经济创造新的需求。煤炭电商平台通过将现代信息技术与煤炭交易深度融合，实现煤炭交易的数字化、智能化和高效化。既为煤炭产业开辟更为便捷、高效的交易途径，削减交易成本，加速交易流程，又打破传统煤炭交易中信息不对称的壁垒，使煤炭价格体系更加透明，有利于行业的公平竞争（叶堂林等，2023）。在煤炭交易的过程中，电商平台需要数字技术的支持，从而推动数字经济的需求增长。煤炭资源型区域产业创新引入智能制造技术，同时推动煤炭产业链上下游数字化转型和协同发展。上游产业中煤炭开采设备制造，可以采用智能制造技术提升生产效率。通过引入物联网、大数据、人工智能等新兴技术，实现生产过程的自动化、智能化和精细化管理，从而增加对数字技术的需求。下游产业可以通过数字化采购平台，实现与上游产业的无缝对接，降低交易成本，提高采购效率，同时也为上游产业提供更加稳定、可靠的销售渠道（王金刚等，2023）。

推动新一代信息技术与煤炭产业各领域的深度融合，从而推进数字化转型和煤矿智能化建设，通过新型基础设施建设，数字化有序转型升级，数据要素价值开始释放（李修东，2022）。同时，新一代信息技术的广泛应用，加速构建数字产业新体系，有利于推动煤炭产业向更高层次的智能化与数字化迈进。煤炭工业整体"联网"水平将持续提升，对信息技术应用创新的内在需求也将日益增强。此外，煤炭资源型区域通常具有丰富的工业遗产、独特的自然景观和深厚的历史文化底蕴，为文旅融合提供丰富的资源基础。为有效挖掘并展现煤炭资源型地区的文旅特色，数字技术的应用显得尤为重要。借助虚拟现实技术，游客即便身处家中，也能“亲历”该地区的各大景点，深切体会工业遗产的独特韵味。同时，在紧跟时代趋势，创新设计文化旅游产品时，数字技术同样发挥着关键作用（唐承财等，2024）。围绕煤炭开采、工业遗产等主题，创作数字艺术品、游戏及动画作品，推动数字技术在文化创意产业中的应用，促使相关数字技术企业创新和优化产品。

4.3 研究设计

4.3.1 耦合协调度模型

数字经济和煤炭资源型区域产业升级是相互影响的两个系统，两者耦合协调度测算参考物理学中的容量耦合系数模型（崔茂森和刘荣庆，2024），具体采用如下模型：

$$C_i = \sqrt{\frac{E_{digi} \cdot E_{criu}}{(E_{digi} + E_{criu})^2}} \tag{4-43}$$

$$T_i = \alpha E_{digi} + \beta E_{criu} \tag{4-44}$$

$$D_i = \sqrt{C_I T_I} \tag{4-45}$$

式中，C_i 为数字经济与煤炭资源型区域产业升级的耦合度；T_i 为综合评价指数，本研究认为数字经济和煤炭资源型区域产业升级应处于同等重要的地位，两者应相互促进，共同发展，故 $\alpha = \beta = 0.5$；D_i 为耦合协调度，其值越接近1，则表示数字经济与煤炭资源型区域产业升级耦合协调程度越高。

借鉴陈磊和杜宝贵（2023）的相关研究，按照表4－8对协调水平进行划分。

表 4-8　　耦合度类型和耦合协调度等级划分标准

耦合类型	耦合度 C 值区间	耦合协调度 D 值区间	耦合协调程度
低水平耦合	[0.0, 0.3)	(0.0, 0.1)	极度失调
		[0.1, 0.2)	严重失调
颉颃耦合	[0.3, 0.5)	[0.2, 0.3)	中度失调
		[0.3, 0.4)	轻度失调
磨合阶段	[0.5, 0.8)	[0.4, 0.5)	濒临失调
		[0.5, 0.6)	勉强失调
高水平耦合	[0.8, 1]	[0.6, 0.7)	初级协调
		[0.7, 0.8)	中级协调
		[0.8, 0.9)	良好协调
		[0.9, 1.0)	优质协调

4.3.2　面板向量自回归模型

为探究面板数据内生性变量之间的动态交互关系，有效地解决面板数据中内生性以及个体异质性的问题，选用面板向量自回归（PVAR）模型（洪雪飞等，2021）。通过回归分析，探究数字经济与煤炭资源型区域产业升级的互动关系，公式如下：

$$Y_{it} = \alpha_0 + \sum_{i=1}^{p} \alpha_j Y_{i,t-j} + \beta_i + \gamma_i + \varepsilon_{it} \tag{4-46}$$

式中，Y_{it} 为 1×2 阶的列向量，包含数字经济与煤炭资源型区域产业升级两个内生变量；α_0 为常数项；j 为滞后阶数，α_j 为滞后 j 阶的参数矩阵；ε_{it} 为扰动列；β_i 为个体效应；γ_i 为时间效应。

4.3.3　障碍度模型

由于耦合协调度 D 会受到协调因子的影响，借助障碍度模型，探寻影响数字经济和煤炭资源型区域产业升级耦合协调度的关键因素，公式如下：

$$O_{ij}=\frac{(1-X_{ij})C_{ij}}{\sum_{j=1}^{n}(1-X_{ij})C_{ij}} \tag{4-47}$$

式中，O_{ij} 为第 i 年的 j 项指标的障碍度。O_{ij} 值越大，表示该障碍因子影响数字经济与煤炭资源型区域产业升级耦合协调的程度越高。

4.3.4　空间关联测度

为揭示其空间关联规律，利用空间自相关模型度量空间数据的分布特征和相互关系（Feng 等，2021）。

（1）全局空间自相关。

对整个研究区域的空间数据进行综合测度的指标，明晰数字经济与煤炭资源型产业升级耦合协调度的空间关联程度，公式如下：

$$I=\frac{n\sum_{i=1}^{n}\sum_{j=1}^{n}w_{ij}(x_i-\bar{x})(x_j-\bar{x})}{\sum_{i=1}^{n}\sum_{j=1}^{n}w_{ij}\sum_{i=1}^{n}(x_i-\bar{x})^2} \tag{4-48}$$

（2）局部空间自相关。

对研究区域中不同地区或单元的空间数据进行分析，用于反映每个地区或单元与其周围区域之间的空间差异程度和显著性，公式如下：

$$I_i=\frac{(x_i-\bar{x})\sum_{j=1}^{n}w_{ij}(x_j-\bar{x})}{\frac{1}{n}\sum_{i=1}^{n}(x_i-\bar{x})^2} \tag{4-49}$$

式中，I 为全局莫兰指数，I_i 为局部莫兰指数，n 为研究范围内全国35个煤炭资源型（区、市）；x_i 和 x_j 是第 i 个和第 j 个要素的属性值，$\bar{x}$ 是属性值的平均数，w_{ij} 是空间权重矩阵。若 $I>0$，则研究区域存在正相关关系；若 $I<0$，则研究区域存在负相关关系；若 $I=0$，表明不存在相关关系。

4.3.5 核密度估计

本研究采用核密度估计方法分析数字经济与煤炭资源型区域产业升级发展耦合协调度的曲线分布位置及动态演变趋势。计算公式如下：

$$f_h(x) = \frac{1}{n}\sum_{i=1}^{n} K_h(x - x_i) = \frac{1}{nh}\sum_{i=1}^{n} K(\frac{x - x_i}{h}) \tag{4-50}$$

4.3.6 Dagum 基尼系数

本研究采用 Dagum 基尼系数分析数字经济与煤炭资源型区域产业升级发展耦合协调度的地区差异及来源，总体差距由区域内差异（G_w）、区域间差异（G_{nb}）与超变密度（G_t）构成。其表达式为：

$$G = \frac{\sum_{j=1}^{k}\sum_{h=1}^{k}\sum_{i=1}^{n_j}\sum_{r=1}^{n_h} |y_{ji} - y_{hr}|}{2n^2\mu} \tag{4-51}$$

$$G = G_w + G_{nb} + G_t \tag{4-52}$$

式中，n 表示城市数量；k 表示地区个数；μ 表示所有城市耦合协调度的平均值；$n_j(n_h)$ 是区域 $j(h)$ 内的城市个数；$y_{ji}(y_{hr})$ 是任意城市的耦合协调度。

4.3.7 二次指派程序（QAP）

基于 QAP 方法构建关系数据计量模型，进一步分析数字经济与煤炭资源型区域产业升级发展耦合协调度空间差异的影响因素。

$$Y = \beta_0 + \beta_1 X + U \tag{4-53}$$

式中，β_0、β_1 为截距项和待估系数；Y 为耦合协调度地区差异矩阵，X 为耦合协调度的影响因素的差异矩阵；U 为随机误差项。

4.4　数字经济与产业升级耦合发展分析

4.4.1　耦合度分析

根据耦合协调度模型，可以得到 2012—2021 年全国 35 个煤炭资源型区域数字经济与产业升级的耦合度 C 值和耦合协调度 D 值，分别以 2012 年、2016 年和 2021 年代表研究期初、期中和期末三个阶段，绘制各个地区数字经济发展与煤炭资源型区域产业升级的耦合度分布，如图 4－17 所示。

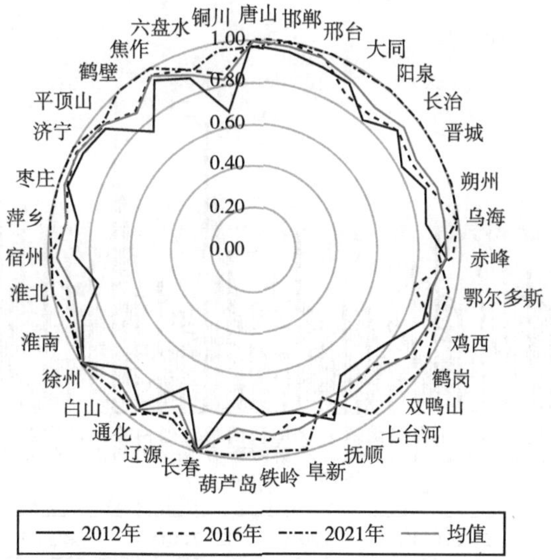

图 4－17　煤炭资源型区域数字经济发展与产业升级耦合度分布

总体上，35 个煤炭资源型区域数字经济系统与产业升级系统之间的耦合度 C 值相对较高，除 2012 年双鸭山、七台河、葫芦岛、辽源、淮北、鹤壁以及铜川 C 值介于磨合阶段，处于较低水平外，其他区域历年 C 值都为 0.8—1，且所有区域 3 年间的耦合度均值均超过 0.82。结合耦合关系类型划分标准，可以发现，目前我国数字经济与煤炭资源型区域产业升级呈高水平耦合关系，表明数字经济与煤炭资源型区域产业升级关联性较强。

4.4.2 耦合协调度分析

耦合协调度可以反映系统之间的相互依赖和相互制约程度，耦合协调指数越高，表明两个系统越趋于和谐一致、相互促进的发展状态（李研，2021）。基于耦合协调度模型，计算数字经济与煤炭资源型区域产业升级的耦合协调度水平，以 2012 年、2014 年、2016 年、2018 年、2021 年为代表研究期，绘制各个区域数字经济发展与煤炭资源型区域产业升级耦合度分布，如图 4－18 所示。

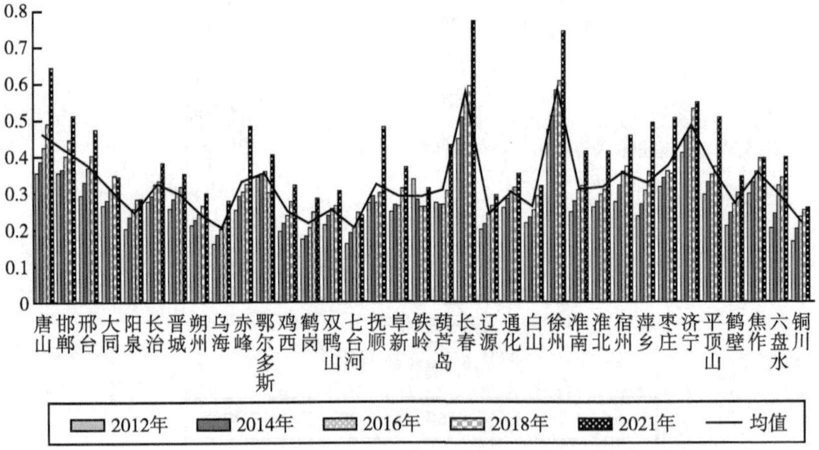

图 4－18 煤炭资源型区域数字经济与产业升级耦合协调度

2012—2021 年，数字经济与煤炭资源型区域产业升级耦合协调度呈逐年上升趋势，但区域之间耦合协调度差距较为明显。从图 4－18 可以看出，2012 年，徐州、长春、济宁耦合协调程度为濒临失调（耦合协调度 D

在0.4以上)；唐山、邯郸、鄂尔多斯、铁岭、枣庄次之，属于轻度失调水平（耦合协调度在0.3以上)；其他地区分别处于中度失调与严重失调，占比分别为60.00%、17.14%。2014年，勉强失调煤炭资源型城市增至2个，中度失调与严重失调的地区占比分别为57.14%、11.43%，表明整体处于严重失调的煤炭资源型城市在逐渐减少。2016年，濒临失调的城市增至3个，轻度失调增至14个；其余处于中度失调与严重失调的地区，其占比分别为42.86%、2.86%。2018年，徐州率先迈上初级协调水平，协调基础发展较好，中度失调与严重失调的地区占比分别为40.00%、0.00%，区域耦合协调度呈现整体上升趋势。截至2021年，35个煤炭资源型城市耦合协调度呈现大幅度提升，所有城市均在中度失调以上水平，达到中级协调的城市增至2个，分别为长春与徐州；唐山进入初级协调行列，中度失调占比下降至20.00%。

总体来看，随着时间推移，脱离失调达到协调状态的煤炭资源型城市有所增加，协调状态结构逐步优化，其中中级协调和初级协调水平由无至有、由少至多，但仍存在多数煤炭资源型区域尚未达到协调状态。截至2021年，处于轻度失调乃至中度失调状态的煤炭资源城市有19个，表明数字经济发展与煤炭资源型区域产业升级耦合关系正在逐步加强，但仍呈现出低协调的状态，尚未达到高水平的耦合协调层次。

4.4.3 互动关系分析

4.4.3.1 单位根检验

PVAR模型利用面板数可以有效解决个体异质性问题，充分考虑个体效应和时间效应。但在运用PVAR模型之前，首先需要对数据做平稳性检验，采用ADF检验、HT检验分别对数字经济指数与煤炭资源型区域产业升级指数的数据进行平稳性检验，确定所有变量数据的平稳性，从而为后续的脉冲响应函数检验提供依据。检验结果表明，两个系统原始样本数据非平稳，在进行一阶差分以后均变成平稳序列，如表 4 - 9 所示。

表 4 - 9　　　　面板单位根检验结果

含截距项和趋势项	水平数据		一阶差分	
	Digi	*Criu*	*D*（*Digi*）	*D*（*Criu*）
P 值 检验结果（ADF）	0. 8204 非平稳	0. 1243 非平稳	0. 0000 平稳	0. 0000 平稳
P 值 检验结果（HT）	0. 4034 非平稳	0. 0000 平稳	0. 0453 平稳	0. 0000 平稳

4. 4. 3. 2　滞后阶数的确定

根据 AIC、BIC 与 HQIC 信息准则值，所选取滞后阶数为 2 阶模型，结果见表 4 - 10 所示。

表 4 - 10　　　　模型滞后阶数检验结果

滞后阶数	AIC	BIC	HQIC
1	-7. 5577	-6. 5002	-7. 1318
2	-8. 0698*	-6. 8266*	-7. 5672*
3	-7. 6387	-6. 1557	-7. 0372

4. 4. 3. 3　格兰杰因果检验

为检验数字经济与煤炭资源型区域产业升级之间的因果关系，利用格兰杰因果关系检验进行分析，结果见表 4 - 11。数字经济和煤炭资源型区域产业升级不构成双向因果关系，仅表现出数字经济促进煤炭资源型区域产业升级的单向因果关系，由此可见，数字经济是煤炭资源型区域产业升级的重要驱动力量，应加强煤炭资源型区域数字化基础设施建设，以产业数字化带动煤炭资源型区域产业升级高质量发展。

表4-11 Granger因果关系检验结果

原假设	卡方统计量	P值	结论
数字经济不是煤炭资源型区域产业升级的原因	4.6588	0.0970	接受
煤炭资源型区域产业升级不是数字经济的原因	51.808	0.0000	拒绝

4.4.3.4 脉冲响应分析

面板向量自回归模型（PVAR）的脉冲响应函数能够估计多个变量之间相互作用，为进一步了解数字经济与煤炭资源型区域产业升级之间的动态变化过程并判断变量之间影响的时滞关系，对数字经济与煤炭资源型区域产业升级进行脉冲响应分析，在95%置信区间条件下，利用Monte-Carlo模拟200次，得到两者对彼此滞后10期脉冲相应过程，如图4-19所示。从数字经济对自身脉冲的响应与煤炭资源型区域产业升级自身脉冲的响应可以看出，两者均产生持续的正向回应，表明数字经济与煤炭资源型区域产业升级均具有较强的经济惯性，自我增强效应良好，能够促进其自身的成长。

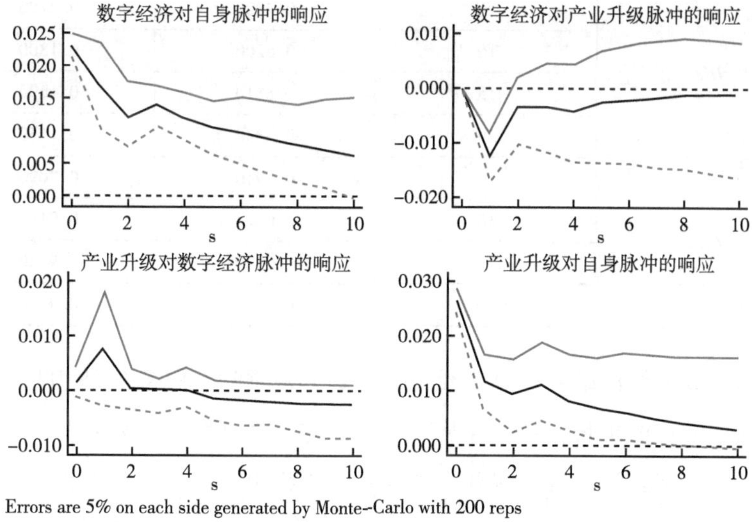

图4-19 数字经济与产业升级对彼此脉冲的影响

当煤炭资源型区域产业升级面对来自数字经济的冲击时，当给予其1单位标准差冲击后，产业升级会产生负向回应，但在第2期后曲线呈现波动式上升趋势，即其自身产生的负向回应在不断减弱，最终趋向于0，表明前期数字经济发展存在滞后性。随着期数增加滞后性明显减弱，数字经济对煤炭资源型区域产业升级呈现显著促进作用。综上所述，数字经济促进煤炭资源型区域产业升级的成果显现并非一蹴而就，以数字技术为核心驱动力，加强数字创新，推动煤炭衍生新产业、新业态和新模式，为煤炭资源型区域产业升级提供全新动能，从而实现煤炭产业全链条转型升级。

4.4.3.5 方差分解

为更好衡量各内生变量之间的相互作用程度，本研究在脉冲响应分析基础上，通过方差分解得到其在第5期、第10期、第15期以及第20期的方差分解结果如表4-12所示。

表4-12　　方差分解结果

变量	期数	*Digi*	*Criu*
Digi	5	0.7900	0.2100
	10	0.8200	0.1800
	15	0.8310	0.1690
	20	0.8340	0.1660
Criu	5	0.0910	0.9090
	10	0.0820	0.9180
	15	0.0870	0.9130
	20	0.0910	0.9090

基于数字经济维度，数字经济对自身方差贡献率保持在79.00%以上，并且随着期数的延长，数字经济对自身的方差贡献度呈上升趋势，表明期数越长，数字经济对自身解释力越高并趋于稳定。因此，应加大数字基础设施建设力度，加快数字技术创新，发挥数字经济的高渗透率和辐射范围广的特点，同时加快产业数字化转型速度，提升产业链数字化和智能化水

平，促进数字资源均衡分布。进一步分析发现，数字经济对煤炭资源型区域产业升级的方差贡献度相对较低，表明数字经济对煤炭资源型区域产业升级影响较小，关联度较弱，且煤炭资源型区域尚未与数字经济进行深度融合，因此煤炭资源型区域应抓住数字机遇，积极寻求与数字经济联动促进产业转型升级，提升运营效率，打通全链堵点，进而提高产业链和供应链稳定性和竞争力。基于产业升级维度，其对自身方差呈逐渐下降趋势，第20期达到90.90%，表明我国煤炭资源型区域发展受相关政策与环保影响。产业升级对数字经济方差呈波动式增长趋势，表明煤炭资源型区域产业升级对数字经济具有一定影响作用。

4.4.4 空间关联性分析

4.4.4.1 全局空间自相关

本书运用Stata17.0测算2012—2021年数字经济与煤炭资源型区域产业升级耦合协调度的全局Moran's I指数如表4-13所示。结果表明，2012—2021年全局莫兰指数均为正，所有年份的莫兰指数均在40%的水平上显著，且Z>1.96，在95%显著水平下通过检验。从时间上看，2012—2021年数字经济与煤炭资源型区域产业升级的全局莫兰指数表现为先上升后下降的发展过程，表明耦合协调度在不同时间表现出差异性集聚形势，受地理空间背景要素影响，对相邻地区存在空间溢出作用，但在2019年往后这种态势在逐渐变弱。

表4-13 耦合协调度的全局Moran's I

年份	2012	2013	2014	2015	2016	2017	2018	2019	2020	2021
Moran'I	0.489	0.478	0.610	0.628	0.670	0.739	0.632	0.705	0.683	0.531
Z-Value	2.452	2.426	3.064	3.133	3.370	3.653	3.186	3.506	3.403	2.677
P-Value	0.007	0.008	0.001	0.001	0.000	0.000	0.001	0.000	0.000	0.004

4.4.4.2 局部空间自相关

为直观解释空间集聚的局部形式，利用 Stata17.0 绘制 2012 年、2021 年 Moran′s I 散点图如图 4－20 所示，2012 年与 2021 年大部分地区都呈现“高—高”集聚或“低—低”集聚特征，耦合协调度存在同向聚集效应。

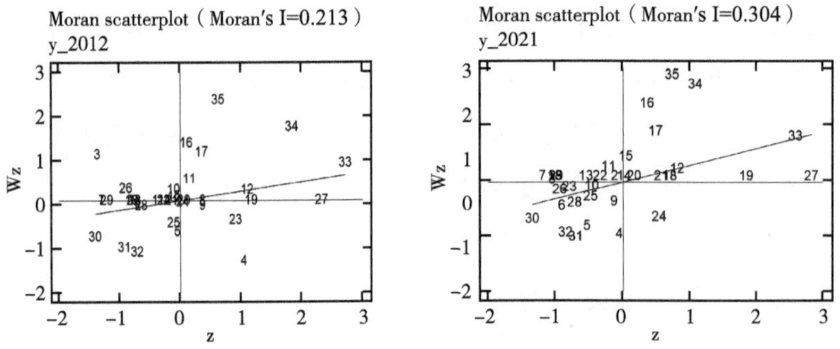

图 4－20 耦合协调度 Moran 散点图

注：1－35 依次代表城市为萍乡、六盘水、乌海、鄂尔多斯、大同、朔州、铜川、平顶山、焦作、晋城、长治、邯郸、鹤壁、淮南、淮北、宿州、邢台、阳泉、唐山、葫芦岛、赤峰、阜新、铁岭、抚顺、通化、辽源、长春、白山、鹤岗、七台河、鸡西、双鸭山、徐州、济宁、枣庄。

第一，从高—高集聚（H—H）来看，随着时间的推移其数量略微得到提升，主要在以徐州、枣庄、济宁、邢台、长治、邯郸、唐山、长春、平顶山为核心的经济发达地区，且多数均为政策试点城市，带动区域数字经济与产业升级。第二，从低—低集聚（L—L）来看，位于此象限的地区主要分布在中部和东北部，随时间推移数量有所增加。前期以萍乡、大同、朔州、淮南、赤峰、铁岭、抚顺、白山、通化、鹤岗、双鸭山、七台河、鸡西为核心形成连片发展滞后区，2021 年，焦作、晋城、鄂尔多斯、辽源等地加入，表明虽然大部分地区协调水平在逐渐改善，但低值区情况尚未缓解。第三，低—高集聚区（L—H）和高—低集聚区（H—L）的空间异质性强且空间格局变动显著，低—高集聚和高—低集聚地区则分布在华北与中西部，鄂尔多斯出现在高—低集聚区频次较高，乌海、辽源等地区出现在低—高集聚区的频次较高，辽源受到邻近低值耦合协调地区的负向影响，集聚类型从2012年的低—高集聚转为2021年的低—低集聚。

4.4.5　耦合分布动态演进趋势

本书基于Stata17.0软件绘制研究期内2012年、2015年、2018年和2021年的总体区域的核密度估计曲线图，具体如图4-21所示。

分析耦合协调度核密度图的动态演变趋势，可得出以下结论：首先，核密度曲线的中心呈现出向右偏移的趋势，反映出在2012—2021年煤炭资源型区域的耦合协调发展水平持续上升。这一趋势不仅表现出数字经济与煤炭资源型产业升级之间日益紧密的协同关系，还表明在推动数字经济发展、实现产业转型升级方面取得明显成效。其次，从波峰的逐年变至低而缓的形状上来看，说明煤炭资源型区域的产业升级发展水平的绝对差异有明显增加的趋势。同时，意味着在耦合协调发展的过程中，不同城市之间的差距正在逐渐拉大，这既为领先城市提供更大的发展空间，也为落后地区带来追赶的压力和挑战。最后，从核密度曲线的分布延展性分析，其具有右拖尾的明显特征，表明长春市、唐山市、济宁市、徐州市等区域的高水平城市，在数字经济与煤炭资源型区域产业升级耦合协调发展水平上始终保持着对该地区平均水平的领先优势。

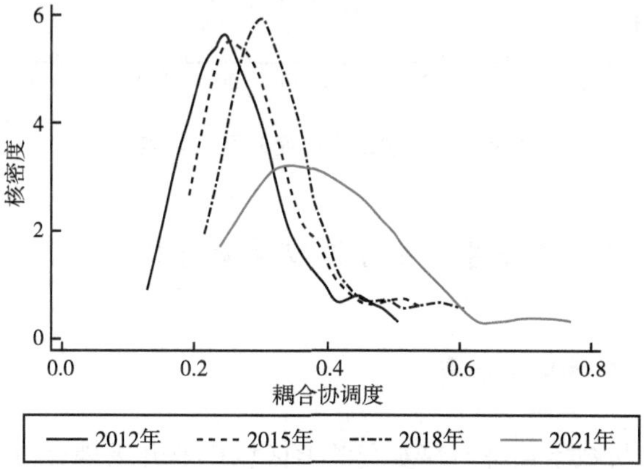

图4-21　耦合协调度的核密度估计曲线图

4.4.6 耦合协调度区域差异分析

图4-22直观展示研究期间内数字经济与煤炭资源型区域产业升级耦合协调度的基尼系数变化趋势。从图4-22中可以看出，研究期间内数字经济与煤炭资源型区域产业升级耦合协调度的基尼系数呈"U"形趋势变化，与2012年0.157相比，2018年降至最低点，降幅为10.83%，表明在2012—2018年，该区域在推动数字经济与产业转型升级耦合协调发展的过程中，各城市之间的差异有所缩小，呈现出一种趋于均衡的发展趋势。2018年后基尼系数逐年上升，2021年升至最高点，与2012年相比增加4.46%，说明煤炭资源型区域产业升级发展的总体差异呈现出轻微扩大态势。

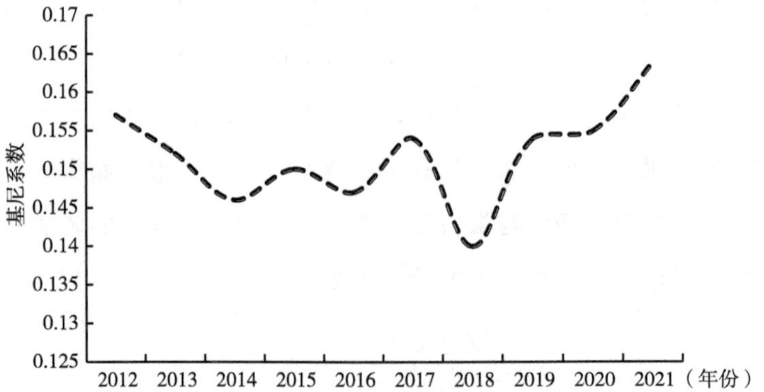

图4-22 耦合协调度的区域内差异

4.4.7 耦合协调度区差异影响因素分析

4.4.7.1 影响因素选取

为深入分析数字经济与煤炭资源型区域产业升级耦合协调空间差异的影响因素，本书从内部环境与外部环境视角综合考虑，选取数字经济发展与产业升级发展作为耦合协调空间差异的内部影响因素，同时选取科技支出、数字化发展、数字化程度、产业创新、产业现代化、产业转型作为耦合协调空间差异的外部影响因素构建差异矩阵。采用耦合协调度地区差异矩阵（CCD）作为被解释变量，各影响因素地区差异矩阵作为解释变量（表4-14），运用Ucinet 6软件对耦合协调地区差异矩阵与各影响因素地区差异矩阵之间的关系进行随机置换测试，置换次数设定为5000次。

表4-14　耦合协调度差异影响因素指标

变量名称	符号	变量说明
数字经济差异	DED	数字经济水平差异
科技支出差异	STD	科学技术水平差异
数字化发展差异	IED	信息传输、软件和信息技术就业人员差异
数字化程度差异	DDD	普惠金融数字化程度差异
产业升级发展差异	IUD	产业升级发展水平差异
产业创新差异	RID	研发投入强度水平差异
产业现代化差异	ISD	产业结构高级化差异
产业转型差异	VRD	接待游客人数差异

4.4.7.2　QAP相关分析

如表4-15所示，除产业现代化外，耦合协调差异与其他影响因素之间的相关系数均为正值。除产业创新与数字化程度外，其他影响因素均通过显著性水平检验，表明影响因素与耦合协调差异具有显著的相关性。然而，这种关联性并不直接等同于实际的作用力度，为更准确地揭示这些影响因素与耦合协调差异之间的内在联系，需要进一步进行回归分析。此外，各个影响因素之间也存在一定的关联性。

表4-15　耦合协调度QAP相关分析结果

变量	IUD	VRD	ISD	RID	STD	CCD	DED	DDD	IED
IUD	1.000 ***	0.816 ***	-0.196	0.140	0.856 ***	0.968 ***	0.926 ***	0.053	0.706 ***
VRD	0.816 ***	1.000 ***	-0.299 **	0.091	0.644 ***	0.819 ***	0.750 ***	0.023	0.595 ***

续表

变量	IUD	VRD	ISD	RID	STD	CCD	DED	DDD	IED
ISD	-0.196	-0.299 **	1.000 ***	-0.230 **	-0.187	-0.245 *	-0.223	-0.388 **	0.010
RID	0.140	0.091	-0.230 **	1.000 ***	0.021	0.150	0.092	-0.168 **	0.021
STD	0.856 ***	0.644 ***	-0.187	0.021	1.000 ***	0.880 ***	0.921 ***	0.136	0.554 **
CCD	0.968 ***	0.819 ***	-0.245 *	0.150	0.880 ***	1.000 ***	0.963 ***	0.097	0.678 ***
DED	0.926 ***	0.750 ***	-0.223	0.092	0.921 ***	0.963 ***	1.000 ***	0.093	0.714 ***
DDD	0.053	0.023	-0.388 **	-0.168 **	0.136	0.097	0.093	1.000 ***	0.021
IED	0.706 ***	0.595 ***	0.010	0.021	0.554 **	0.678 ***	0.714 ***	0.021	1.000 ***

注：* 表示 $p<0.05$，** 表示 $p<0.01$，*** 表示 $p<0.001$。

4.4.7.3 QAP 回归分析

表 4-16 显示出煤炭资源型区域数字经济与产业升级发展耦合协调差异的影响因素回归结果。

表 4-16　　耦合协调差异的影响因素回归结果

变量	总体	
	标准化回归系数	p 值
截距	0.000	0.000
IUD	0.551	0.898
VRD	0.079	0.003
ISD	0.015	0.245
RID	0.029	0.065
STD	-0.108	0.820
DED	0.563	0.000
DDD	0.040	0.100
IED	-0.102	0.179

从回归结果来看，产业转型差异在 1% 的水平上显著为正，系数为 0.079，表明产业转型差异对耦合协调度差异的带动作用最强，减少产业

转型发展差异是缩小数字经济与产业升级发展耦合协调差异最有效的措施。另外，产业升级发展差异与产业现代化差异的系数为0.551和0.015（$p>0.1$），表明在一定程度上，强化产业升级发展与推进产业现代化建设，有助于缓解地区间耦合协调度的差异。通过促进产业升级和产业现代化，可以逐步缩小区域发展不平衡，进而提升整体协调发展的水平。最后，科技支出差异与数字化发展差异系数为-0.108与-0.102（$p>0.1$），表明缩短差异有助于减少地区耦合协调度差异，尽管当前科技投入和数字化发展在区域间的进步不均衡，但这种不均衡状态可能在一定程度上促进资源的优化配置和技术的跨区域流动，从而间接促进区域间的协调发展。

4.4.8　障碍因子分析

为探析影响耦合协调发展的关键因素，本书分别对数字经济系统与煤炭资源型区域产业升级系统进行障碍度分析，选取2012年、2014年、2016年、2018年、2021年情况进行分析，其中排名前五的主要障碍因子及障碍度如表4-13和表4-14所示。

由表4-17可知，数字经济发展重要障碍因子分别为互联网宽带接入用户、移动电话年末用户数、研究与试验发展经费支出、邮政业务收入与信息传输、软件和信息技术就业人数。从数字经济系统的障碍度因素来看，一是互联网宽带接入用户数成为主要的障碍因素。虽然许多城区的互联网基础设施比较完善，但煤炭资源型区域多数地理位置偏远，人口分布较少，部分地区仍未实现互联网广泛应用，导致移动电话年末用户数成为数字经济发展的障碍因素之一。二是邮政业务收入障碍度上涨，部分偏远地区缺乏最基础的物流条件，严重影响邮政业务收入。三是研究与试验经费支出不够充足，间接影响信息传输、软件和信息技术就业方面人才输入。

表 4-17　　数字经济发展障碍因子

年份	障碍因素及障碍度				
	互联网宽带接入用户	移动电话年末用户数	研究与实验发展（R&D）经费支出	邮政业务收入	信息传输、软件和信息技术就业人数
2012	26.78%	21.49%	9.76%	8.43%	6.62%
2014	27.19%	21.81%	9.67%	8.47%	6.54%
2016	27.59%	22.13%	9.73%	8.33%	6.64%
2018	27.96%	22.44%	9.63%	8.04%	6.83%
2021	24.64%	20.97%	10.4%	8.27%	8.09%

由表 4-18 可知，煤炭资源型区域产业升级障碍因子分别以产业创新和产业转型为主，专利申请量是影响煤炭资源型区域产业升级的重要障碍因子，与研发投入强度、资源开发一致，均呈逐年波动上升趋势，其他障碍程度均呈下降趋势。这表明各煤炭资源型区域对产业转型的重视程度明显增加，但煤炭资源型区域亟须提高产业创新与资源开发的发展与应用，注重创新成果与产业升级协同发展。

表 4-18　　煤炭资源型区域产业升级障碍因子

年份	障碍因素及障碍度				
	专利申请量	资源开发	旅游总收入	研发投入强度	接待游客人数
2012	32.40%	17.48%	16.37%	13.52%	9.86%
2014	32.73%	18.07%	16.15%	13.52%	9.46%
2016	32.43%	19.09%	15.91%	13.81%	8.97%
2018	32.82%	19.90%	15.37%	14.21%	7.98%
2021	30.49%	21.23%	16.09%	14.03%	8.77%

4.5　本章小结

本章重点在于探讨数实融合协同演化机理，分析数字经济和实体经济融合互促关系。研究发现：

第一，基于Logistic模型，将数字经济与实体经济两个种群之间的协同演化分为8种模式，运用MATLAB进行仿真分析，仿真结果进一步揭示数字经济与实体经济在不同协同演化模式下的动态关系。数字经济和实体经济在多种模式下均呈现出增长的趋势，尽管增长的速度和方式有所不同。但无论在哪种模式下，数字经济和实体经济相互寄托、依存发展。

第二，通过分析数字经济与实体经济融合互促作用机制，进一步实证分析数字经济与产业升级之间的动态关系。研究结果表明，煤炭资源型区域数字经济与产业升级的耦合协调水平从脱离失调达到协调状态的城市有所增加，协调状态结构逐步优化。其中，中级协调和初级协调水平由无至有、由少至多，然而多数煤炭资源型区域尚未达到协调状态。数字经济对煤炭资源型区域产业升级尚未发挥真正的作用，而产业升级对数字经济具有一定影响作用。互联网宽带接入用户和研究与试验经费支出成为阻碍数字经济发展的主要障碍度因素，专利申请量是影响煤炭资源型区域产业升级的重要障碍因子。

第 5 章

数实融合驱动煤炭资源型区域高质量发展的实证分析

5.1 理论机制与研究假设

5.1.1 直接作用机制分析

数字经济与产业升级融合驱动煤炭资源型地区高质量发展是一个不断演进的发展过程，同时也反映特定时点两者之间的共生形态。从整体上看，数字经济能够促进区域产业形成新模式、新趋势及新业态，从而驱动煤炭资源型区域高质量发展。首先，应用数字技术有助于煤炭产业变革生产要素，创新资源优化配置，驱动煤炭产业形成发展新模式。数字化技术、知识和信息作为新生产要素，具有较强流动性和非排他性，通过弱化组织边界优化产业形态和整合资源，打破传统发展模式，创新组织分工和变革生产发展，促进开发高附加值、精细化、差异化产品，推动煤炭产业形成新发展模式。其次，数字技术能有效推动煤炭产业形成绿色与可持续发展新趋势。数字技术与煤炭产业深度融合可以促进技术创新，降低资源消耗和环境污染，形成智能、绿色、高效的开发技术体系，形成煤炭资源高效开发、智能生产、柔性供给、低碳减排、绿色生态的新发展趋势（李晓娣和饶美仙，2023）。最后，数字技术能有效推动煤炭产业发展新业态。以数字化设施为基础，通过科技创新实现技术革命性突破，以绿色化和智能化为产业深度转型方向，加速培育和形成新业态（阮添舜等，2023）。

依据上述两者协同发展的理论依据，两者协同发展的机制如图5－1所示。数字经济与煤炭资源型地区产业发展协同，在微观层面和宏观层面均表现出强大的潜力和价值。遵循两者协同发展机制，需进一步从微观层面和宏观层面分析两者协同驱动区域高质量发展的理论机制。

从微观层面分析，数字经济与煤炭资源型区域产业协同发展体现在产业内部的创新和技术管理上。首先，数字经济的发展与应用具有创新性强、渗透性广、带动性大等特征，为产业发展提供创新空间，推动产业经济结构调整和供应链升级，实现煤炭资源型区域高质量发展（刘和东和纪然，2023）。其次，通过引入数字化工具和技术，煤炭产业能够实现从开采到销售各环节的精准把控。运用数字技术将实时数据转化为数字代码，传输至各环节，克服复杂流程的局限性，为技术交流提供更高效、更多元的方式。除此之外，煤炭资源型区域在发展数字经济方面具有独特的优势。例如，当地拥有丰富的煤炭资源和完善的能源基础设施，为数字经济发展提供良好的物质基础和条件。同时，煤炭资源型地区在能源、化工等领域拥有较强的人才基础和技术积累，为数字经济的创新发展提供有力支撑（方文君等，2023）。由于煤炭资源型区域产业发展具有对资源依赖性强、产业结构单一的特点，因此其与数字经济协同发展就显得尤为重要，不仅推动煤炭产业转型升级（尤碧莹等，2023），还能促进区域高质量发展。

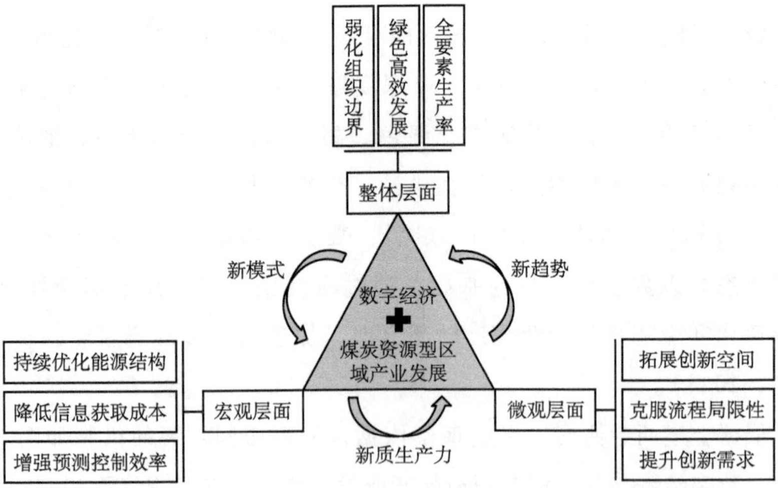

图 5－1　数字经济与煤炭资源型区域产业协同发展的机制

从宏观层面分析，作为支撑我国国民经济发展的主体能源产业，煤炭资源型区域产业发展需牢牢把握数字化技术，优化经济结构，维持可持续发展的新趋势。一方面，随着数字经济深入发展，煤炭产业在区域经济中的地位逐渐从基础能源向保障能源、从传统能源向清洁能源转变（裴尔洁和张治栋，2024），从而有助于优化区域经济结构，促进产业的转型与升级。另一方面，通过引入数字化技术和管理手段，煤炭产业能够弱化“探—建—产—选—运—销—用”全产业链活动边界，降低信息获取成本，增强预测、决策和控制的效率（丁恩杰等，2022）。此外，数字化信息平台建设引导煤炭设计企业、煤炭制造企业和煤炭运销企业进入，整合平台内技术资源，加强要素流通，提高沟通效率（张帆等，2020），实现数字经济系统和区域产业系统协同发展，进而实现整体效益的最大化。

由此，本书提出假设 1：数字经济与产业升级深度融合能够促进煤炭资源型区域高质量发展。

5.1.2 间接作用机制分析

煤炭资源型区域高质量发展涵盖经济、社会、环境三个关键维度，以确保公众生产生活的正常运行、环境与生态的可持续发展、经济社会发展的良性循环。面对“双碳”目标，煤炭资源型区域作为碳排放的主体，应抓住数实融合发展的时代机遇，实现产业转型升级，在资源约束和环境约束中寻求新的转折点和增长点。经济发展水平的提高代表着地区的经济实力，是保障社会繁荣稳定的基石，但同时过度追求经济的发展无疑给生态环境带来沉重压力和污染物排放。环境恶化又会约束经济发展，制约社会公众的生产、生活。可见，经济、社会和环境是相互关联、相互作用的复杂系统，且每个子系统均深刻影响着区域高质量发展。

5.1.2.1 数实融合、经济发展水平与区域高质量发展

数实融合促使传统煤炭产业迈向智能化时代。一方面，“荷兰病效应”反映并揭示资源型地区的“反工业化”现象，致使煤炭资源型区域过度依

赖煤炭资源，逐步出现单一化产业结构、初级产品比重过大等问题（佟新华等，2024）。作为国家保障能源安全的重要基地，煤炭资源型区域应利用数字技术贯穿煤炭产业链，优化生产流程，从煤炭生产计划的智能排产到供应链的数字化管理，有效减少资源浪费和时间成本，从而增强企业整体运营效率和市场应变能力，提高经济发展水平（Davidson 等，2019）。另一方面，煤炭资源型区域对技术创新具有"挤出效应"，放缓技术进步速度（苏伟洲等，2024）。数实融合有助于煤炭企业建立科技创新平台，通过在煤炭开采、运输、加工等环节引入物联网、大数据、人工智能等技术，实现精准开采与高效利用，提升煤炭产品质量和市场竞争力。同时，煤炭企业提供与高校、科研机构合作的数字化平台，加速复合型人才培养和科技成果转化，推动企业技术革新和管理创新，为区域经济发展水平持续增长注入动力和提供支撑。

煤炭资源型区域高质量发展以经济子系统作为强劲支撑。一方面，经济发展水平提升反哺技术创新资金投入，促进技术创新集聚，带动区域未来产业和新兴产业创新发展。经济增长必然伴随着产业结构优化，从传统产业向高新技术产业和现代服务业转型，不仅提高绿色生产效率和生活质量，减少对煤炭资源的依赖，提升资源利用效率，同时还具有较高的就业吸纳能力，促进经济社会绿色协调发展（Li 和 Wang，2022）。另一方面，经济增长提供物质保障，区域经济发展水平提升，政府税收收入增加，拥有更多资金用于区域基础设施建设，保障教育、医疗、社会保障等公共服务的持续供给，改善社会公众生活条件，符合共享发展理念。经济发展促使煤炭资源型区域市场多元化，企业不再过度依赖煤炭产业或外部市场，构建多元化的产业供应链可以增强在面对外部冲击（如贸易摩擦、自然灾害等）时的抗风险能力，从而促进区域高质量发展（Li 等，2019）。

由此，本书提出假设 2：数字经济与产业升级深度融合，通过提升经济发展水平促进区域高质量发展。

5.1.2.2　数实融合、劳动生产率与区域高质量发展

劳动生产率提高为改善社会收入分配提供基础，提高劳动者的收入水平，缩小贫富差距，促进社会公平（唐绅峰等，2023）。一方面，数实融合推动煤矿智能化开采技术的应用，可以实现对设备的精准控制和预防性维护，使采煤过程更加高效、精准。通过自动化加工技术的广泛应用，数字控制系统可以根据煤炭的质量和市场需求，实现煤炭的精细化加工，提高煤炭加工的效率和产品质量，降低劳动强度。另一方面，煤炭行业是高风险行业，安全生产是提升劳动生产率的重要前提，数实融合通过智能化安全监测系统，可以有效减少安全事故的发生，降低因事故导致的人员伤亡和生产中断，保障煤炭生产的连续性，从而提升劳动生产率（杨瑾和傅德印，2023）。此外，数实融合搭建煤炭行业在线知识共享平台，企业内部的技术人员、管理人员和一线工人在平台分享工作经验、技术创新成果和最佳实践案例，实现知识共享，提高工作效率，进而提升劳动生产率。

劳动生产率提升带来生产方式变革，煤炭产业链不同环节劳动者的劳动技能取决于技术水平和创新能力，通过加大对员工技能培训的投入，提高劳动者的专业素质和综合能力，以匹配发展新质生产力相适应的新型生产关系，以新劳动者身份为煤炭资源型区域高质量发展提供人才保障。劳动生产率提升能够减少劳动者的流动性，较高的收入水平能增强产业工人的幸福感和满意度，同时劳动生产率带来的收入提升，还可进一步提高产业工人的社会地位，营造“工匠精神”的社会氛围，从而维持产业高质量发展的稳定性。

由此，本书提出假设3：数字经济与产业升级深度融合，通过提高劳动生产率促进区域高质量发展。

5.1.2.3　数实融合、能源强度与区域高质量发展

数实融合的主要特征是以数据要素为新质生产要素，以数字技术为新兴技术要素，与实体生产要素深度融合从而降低能源强度。一方面，数字

经济能够释放"梅特卡夫效应"（Ma 等，2023），换言之，数字技术有助于降低信息搜寻成本，扩展信息搜索范围和渠道，加强不同要素的流通性，拓展空间结构的关联性，产生技术正外部性溢出效应，提高煤炭生产环节不同节点的时空联系，从而降低能源效率和能源强度。另一方面，数字经济能够释放"达维多效应"（Davidow，1986），即信息技术迅速发展带来工业生产技术的革新与升级，提升生产运营、能源控制和组织管理方面的效率，赋能生产设备改造，优化生产工艺流程，淘汰落后产能，促进产业转型升级（冯露和杨阔，2025）。因此，技术扩散能够产生能源节省效应和示范效应，满足能源强度降低的长远发展战略。

能源强度降低意味着在生产相同数量的煤炭产品或提供相同的能源服务时，能源消耗降低，直接减少煤炭企业的生产成本，促进企业将资金用于技术研发、设备更新和扩大生产规模，有助于提升整个煤炭产业的竞争力。降低能源强度有助于减少煤炭资源型区域有害气体的排放，改善空气质量、水环境质量，减少环境污染对居民健康和生态系统的危害，提高区域整体生态效率和公众生态福利绩效。较低的能源强度和良好的环境质量有助于提升煤炭资源型区域的形象，更容易吸引投资、人才和旅游资源，促进区域与外界的交流与合作，对于区域高质量发展具有重要作用。

由此，本书提出假设 4：数字经济与产业升级深度融合，通过降低能源强度促进区域高质量发展。

5.2 研究设计

5.2.1 构建指标体系

基于创新、协调、绿色、开放、共享五个维度构建煤炭资源型区域高质量发展指标体系如表 5－1 所示，采用熵权法测算煤炭资源型区域高质量发展指标权重。

表5-1 高质量发展指标体系

系统	维度	指标	单位	指标属性	权重
区域高质量发展	协调	采矿业从业人员数/总就业人口数	%	逆	0.24%
		第二产业占地区生产总值的比重	%	正	1.33%
	绿色	绿地面积	公顷	正	4.88%
		建成区绿化覆盖率	%	正	0.45%
	创新	专利授权量	件	正	12.71%
		创新指数	%	正	13.94%
	开放	外贸开放度	%	正	51.62%
		外资开放度	%	正	6.11%
	共享	公共图书馆	个	正	2.25%
		公共图书馆图书藏书量	万册	正	6.47%

5.2.2 变量选取

(1) 被解释变量：煤炭资源型区域高质量发展（*hq*）；

(2) 解释变量：数字经济与煤炭资源型区域产业升级耦合协调度（*cd*）为核心解释变量；

(3) 机制变量：本书在以煤炭资源型区域高质量发展为被解释变量的基础上，基于经济、社会、生态三个维度分别选取经济发展水平（ln*Pgdp*）、劳动生产率（ln*Labou*）以及能源强度（ln*Energy*）为被解释变量。其中，劳动生产率采用地区生产总值与就业人数的比值的对数来衡量，经济发展水平采用人均GDP的对数来衡量，能源强度采用能源消费总量（吨标准煤）与地区生产总值的比值的对数来衡量。

(4) 控制变量：本书选取财政收入增长率（*fina*）、社会消费水平（*soc*）、政府参与程度（*gov*）、城镇化水平（*urban*）、工业增长率（*indu*）、固定资产投资增长率（*fix*）作为控制变量。

5.2.3 模型构建

本书构建如下面板数据模型和基准面板回归模型，进一步探究数字经济与产业升级协同对区域高质量发展的影响：

$$Y_{it} = \alpha + \beta_1 cd_{it} + \beta_2 fina_{it} + \beta_3 soc_{it} + B_4 gov_{it} + \beta_5 urban_{it} + \beta_6 indu_{it} + \beta_7 fix^{it} + \mu_t + \varphi_i + \varepsilon_{it} \quad (5-1)$$

$$media_{i,t} = \eta_0 + \eta_1 cd_{it} + \eta_i + \beta_2 fina_{it} + \beta_3 soc_{it} + B_4 gov_{it} + \beta_5 urban_{it} + \beta_6 indu_{it} + \beta_7 fix^{it} + \mu_t + \varphi_i + \varepsilon_{it} \quad (5-2)$$

其中，i 代表地区，t 代表年份，α 为常数项，β_1 至 β_7 为待估计参数，ε_{it} 是随机误差项。*media* 代表机制变量，即劳动生产率、经济发展水平以及能源强度。

5.2.4 区域高质量发展综合评价结果分析

基于我国35个煤炭资源型区域2012—2021年的时间序列数据，采用熵权法测算煤炭资源型区域高质量发展的综合评价值如表5-2所示。可以看出，除东北地区辽源、白山、双鸭山以及西北地区铜川综合得分呈现波动式下滑外，其余区域高质量发展综合评价值均稳步提升，但地区间差异明显。江苏徐州、吉林长春综合得分较高，2021综合评价得分均超过0.3，在煤炭资源型区域中高质量发展较为领先。河北唐山、邯郸，山东济宁的综合得分均值保持在0.1上下，属于我国煤炭资源型区域高质量发展的第二梯队，具有较大的发展潜力。近年来，地区政策指引与科技创新相互作用、共同发力，共同推动煤炭资源型区域高质量发展。陕西、山西、贵州、河南、江西、内蒙古、辽宁、黑龙江、吉林等西部和东北部地区的煤炭资源型区域综合得分均低于0.1，反映这些地区在经济发展、社会进步、环境质量、创新能力等多个方面存在不足或提升空间，仍面临着较多的发展困境。另外，河北邢台与山东枣庄虽然借助地理条件发挥了优势，但自身发展不足导致综合评价值相对较低，分别为0.061与0.049。

表5-2　　　　　　　　区域高质量发展综合得分

城市	2012年	2013年	2014年	2015年	2016年	2017年	2018年	2019年	2020年	2021年	平均值
唐山	0.0581	0.0621	0.0661	0.0687	0.0684	0.0825	0.0846	0.1008	0.1300	0.1523	0.08736
邢台	0.0487	0.0494	0.0500	0.0507	0.0529	0.0705	0.0629	0.0654	0.0742	0.0869	0.06116
邯郸	0.0585	0.0563	0.0602	0.0661	0.0639	0.0672	0.0708	0.0742	0.0835	0.0971	0.06978
大同	0.0351	0.0337	0.0327	0.0344	0.0345	0.0358	0.0368	0.0400	0.0421	0.0468	0.03719
朔州	0.0256	0.0250	0.0247	0.0208	0.0199	0.0198	0.0207	0.0256	0.0239	0.0276	0.02336
阳泉	0.0236	0.0232	0.0242	0.0232	0.0228	0.0218	0.0229	0.0231	0.0254	0.0288	0.0239
长治	0.0433	0.0435	0.0412	0.0399	0.0422	0.0428	0.0429	0.0465	0.0485	0.0545	0.04453
晋城	0.0269	0.0260	0.0262	0.0255	0.0276	0.0302	0.0302	0.0326	0.0337	0.0384	0.02973
乌海	0.0243	0.0239	0.0236	0.0221	0.0227	0.0233	0.0250	0.0250	0.0267	0.0449	0.02615
赤峰	0.0375	0.0379	0.0373	0.0377	0.0378	0.0393	0.0371	0.0375	0.0415	0.0460	0.03896
鄂尔多斯	0.0382	0.0465	0.0430	0.0423	0.1045	0.0425	0.0480	0.0506	0.0470	0.0542	0.05168
阜新	0.0252	0.0257	0.0266	0.0256	0.0236	0.5468	0.0657	0.0452	0.0300	0.0390	0.08534
抚顺	0.0348	0.0287	0.0342	0.0336	0.0352	0.0519	0.0420	0.0540	0.0438	0.0459	0.04041
铁岭	0.0293	0.0304	0.0277	0.0278	0.0249	0.0684	0.0506	0.0907	0.0384	0.0499	0.04381
葫芦岛	0.0317	0.0284	0.0310	0.0310	0.0273	0.0870	0.0491	0.0498	0.0443	0.0411	0.04207
长春	0.1066	0.1046	0.1287	0.1277	0.1419	0.2135	0.1781	0.2179	0.2702	0.3155	0.18047
辽源	0.0191	0.0197	0.0199	0.0200	0.0199	0.0211	0.0178	0.0142	0.0150	0.0160	0.01827
通化	0.0284	0.0296	0.0308	0.0313	0.0305	0.0394	0.0287	0.0277	0.0274	0.0294	0.03032
白山	0.0246	0.0232	0.0234	0.0234	0.0234	0.0233	0.0304	0.0292	0.0274	0.0233	0.02516
鹤岗	0.0195	0.0168	0.0147	0.0157	0.0140	0.0220	0.0222	0.0135	0.0175	0.0196	0.01755
双鸭山	0.0269	0.0252	0.0229	0.0192	0.0153	0.0185	0.0192	0.0147	0.0160	0.0198	0.01977
七台河	0.0179	0.0142	0.0178	0.0124	0.0127	0.0142	0.0148	0.0154	0.0155	0.0181	0.0153
鸡西	0.0239	0.0231	0.0195	0.0149	0.0145	0.0229	0.0238	0.0156	0.0165	0.0196	0.01943
徐州	0.0712	0.0788	0.0843	0.0914	0.1081	0.1194	0.1305	0.1544	0.2217	0.2985	0.13583
宿州	0.0237	0.0259	0.0254	0.0275	0.0273	0.0299	0.0320	0.0346	0.0489	0.0577	0.03329

续表

城市	2012 年	2013 年	2014 年	2015 年	2016 年	2017 年	2018 年	2019 年	2020 年	2021 年	平均值
淮北	0.0347	0.0375	0.0340	0.0335	0.0350	0.0401	0.0386	0.0381	0.0447	0.0548	0.0391
淮南	0.0344	0.0367	0.0325	0.0378	0.0434	0.0465	0.0494	0.0497	0.0561	0.0642	0.04507
萍乡	0.0306	0.0309	0.0310	0.0271	0.0333	0.0387	0.0385	0.0407	0.0445	0.0482	0.03635
枣庄	0.0376	0.0382	0.0398	0.0429	0.0441	0.0476	0.0485	0.0517	0.0650	0.0745	0.04899
济宁	0.0578	0.0627	0.0606	0.0686	0.0710	0.0904	0.0911	0.0953	0.1156	0.1355	0.08486
焦作	0.0359	0.0367	0.0363	0.0378	0.0436	0.0538	0.0475	0.0487	0.0496	0.0530	0.04429
鹤壁	0.0248	0.0263	0.0251	0.0260	0.0258	0.0265	0.0269	0.0280	0.0289	0.0452	0.02835
平顶山	0.0291	0.0302	0.0292	0.0299	0.0305	0.0378	0.0371	0.0397	0.0425	0.0464	0.03524
六盘水	0.0230	0.0199	0.0202	0.0239	0.0240	0.0249	0.0273	0.0275	0.0298	0.0336	0.02541
铜川	0.0231	0.0238	0.0235	0.0229	0.0219	0.0208	0.0182	0.0170	0.0171	0.0200	0.02083

5.3 实证检验与分析

5.3.1 基准回归分析

基准回归分析前，对模型进行 Hausman 检验，结果显示 P 值为 0.0082，表明固定效应模型优于随机效应模型，而且双向固定效应模型结合个体固定效应和时间固定效应，从而控制不随时间变化的个体特征和不随个体变化的时间趋势，有效地解决了变量内生性导致的结果偏误问题（贺正楚等，2024）。

表 5－3 的结果显示双向固定效应模型的回归系数显著为正，表明两者协同对区域高质量发展具有正向影响，验证假设 1。从协调角度来看，数字经济与产业升级的协同提高生产效率，减少煤炭资源型区域采矿业从业的人力需求，且带动其他新兴产业的发展，吸纳更多劳动力，表明煤炭

资源型区域正在逐步减少对采矿业的依赖，实现经济结构的多元化。两者协同不仅共同优化产业结构，而且提高第二产业的附加值和竞争力，推动区域经济的高质量发展。从绿色角度来看，两者协同通过优化资源配置和推动技术创新，利用大数据和人工智能技术，精准规划绿地布局，推动绿地建设，同时新兴产业的发展也往往伴随着对生态环境的更高要求，从而推动建成区绿化覆盖率的提升。从创新角度来看，数字经济提供先进的数字技术、平台和工具，促进煤炭资源型区域的技术创新和专利产出，在产业升级过程中，新兴产业的发展需要技术创新和专利支持，从而推动相关领域的专利研发和授权，加速科技成果的转化和应用，进一步提升创新指数。从开放的角度来看，两者协同推动信息技术的应用和产业结构的优化，从而降低交易成本，提高贸易效率，推动出口产品结构的升级，使煤炭资源型区域的产品更容易进入国际市场，也为外资进入该区域提供更多机会和渠道。从共享的角度来看，两者协同通过数字化手段与产业升级带动地方数字经济发展与文化传播，进一步拓宽知识传播的渠道，提升居民文化素质，进而推动区域高质量发展。

表5-3 基准回归结果

变量	模型一
	hq
cd	0.242*** (3.626)
控制变量	YES
常量	-0.041* (-2.131)
时间固定效应	YES
个体固定效应	YES
N	350
R^2	0.545

注：括号内为T统计量，*表示 $p<0.05$，**表示 $p<0.01$，***表示 $p<0.001$。

5.3.2 稳健性检验

5.3.2.1 替换被解释变量

除利用上文构建的体系来衡量区域高质量发展外，本书还利用人均财政收入（ln*ave*）来衡量区域高质量发展，作为替换的被解释变量。在控制区域个体固定效应、时间固定效应以及一系列区域层面的控制变量后，回归结果如表5－4列（1）所示，核心解释变量*cd*的系数依然显著为正，表明在引入人均财政收入作为新的衡量区域高质量发展的指标后，经过回归分析发现核心解释变量依然显著为正。不仅证实数字经济与产业升级协同发展确实有助于提高区域高质量发展，也表明本书基准回归结果的可靠性。

5.3.2.2 剔除特殊时间样本

2020年由于新冠疫情的全球暴发，许多经济指标出现异常波动，异常值可能会对稳健性分析的结果产生显著影响，而在进行长时间序列的数据分析时，保持数据的连贯性是非常重要的。为避免一年异常数据而导致的分析结果失真，本书将2020年数据剔除后再进行回归，如表5－4列（2）所示。从回归结果看，核心解释变量的系数依然显著为正，表明本书基准回归结果的结论具有一定的稳健性。

表5－4 稳健性检验

变量	更换被解释变量	剔除特殊时间样本
	(1)	(2)
	ln*ave*	*hq*
cd	2.104*** (5.287)	0.215** (3.029)
控制变量	YES	YES

续表

变量	更换被解释变量	剔除特殊时间样本
	(1)	(2)
	ln*ave*	*hq*
常量	7.188*** (62.661)	-0.037 (-1.801)
时间固定效应	YES	YES
个体固定效应	YES	YES
N	350	315
R^2	0.897	0.501

注：括号内为T统计量，* 表示 $p<0.05$，** 表示 $p<0.01$，*** 表示 $p<0.001$。

5.3.3　门槛效应分析

在实际的经济运行过程中，两者协同发展与区域高质量发展之间的关系可能并不是线性的，而是在特定的阈值或门限值前后表现出不同的特征。根据前文理论部分表述，本书以面板门槛模型进行非线性关系检验。采用门限效应模型，以两者耦合协调度为门限变量，以经济发展水平、劳动生产率与能源强度为被解释变量。经过检验如表5-5所示，单一门限值、双重门限值以及三重门限值均未通过显著性检验。这意味着在当前的样本和数据条件下，没有充分的证据支持两者协同发展与区域高质量发展之间存在非线性关系的假设。

表5-5　门限检验结果

被解释变量	ln*Pgdp*		ln*Labou*		ln*Energy*	
门限变量	*cd*					
门限个数	门限值	P值	门限值	P值	门限值	P值
单一门限模型	0.422	0.126	0.416	0.220	0.210	0.120
双重门限模型	0.422 0.321	0.250	0.416 0.369	0.430	0.210 0.416	0.587
三重门限模型	0.605	0.806	0.272	0.653	0.213	0.727

5.4 影响机制分析

5.4.1 经济发展水平的机制效应

经济发展水平的机制检验结果如表 5 - 6 中列（1）所示，数字经济与产业升级协同显著为正，且在 1% 的置信区间内显著，说明经济发展水平的提升可以促进煤炭资源型区域的高质量发展，验证假设 2。一方面，数字经济与煤炭产业的融合可以催生智能制造、工业互联网等新业态，推动煤炭产业数字化、智能化转型，且新业态将大幅提升煤炭产业的生产效率，降低运营成本，增强市场竞争力，带动区域经济发展水平。另一方面，产业升级拓展煤炭资源型区域的产业链条，提高煤炭资源的附加值，增加煤炭资源型区域的经济效益。此外，经济发展水平的提升能够显著提升煤炭资源型区域的综合竞争力。通过优化产业结构、提升技术水平、改善生态环境等措施，煤炭资源型区域将形成更加完善的产业体系和更加宜居的生活环境，吸引更多的投资和企业入驻，进一步推动区域经济增长和高质量发展。

5.4.2 劳动生产率的机制效应

劳动生产率的机制检验结果如表 5 - 6 中列（2）所示，核心解释变量显著为正，说明数字经济与产业升级协同通过提升劳动生产率促进煤炭资源型区域的高质量发展，验证假设 3。数字经济与产业升级的协同以数字化技术和产业资源配置作为核心内容，推动技术创新和产业上下游的互联互通。在煤炭产业中，技术创新可以带来生产设备的升级和生产工艺的改进，同时，技术创新也促进人才的培养和流动，使劳动者能够适应产业结构转型升级的需要，提高自身素质，进而提升劳动生产率。此外，劳动生产率的提升意味着单位劳动力可以创造更多的价值，进而提升煤炭资源型区域的生产效率。生产效率的提升不仅增强煤炭产业自身的竞争力，还为区域的多元化发展提供有力支撑，从而推动煤炭资源型区域的高质量发展。

5.4.3　能源强度的机制效应

能源强度的机制检验结果如表5－6中列（3）所示，数字经济与产业升级协同系数为－1.031，且在5%的置信区间内显著，说明数字经济与产业升级的融合能够有效降低能源强度，从而促进煤炭资源型区域的高质量发展，验证假设4。煤炭资源型区域往往依赖煤炭产业作为经济支柱，而高能源强度意味着在生产过程中消耗大量的能源，从而增加生产成本。不仅会降低煤炭企业的经济效益，还可能削弱其在市场上的竞争力。长此以往，将不利于煤炭资源型地区的经济可持续发展。在这种情况下，数字经济与产业升级的融合创新能够催生出新的节能技术和模式，利用物联网、人工智能等数字技术优化产业上下游的能源调度和分配，进一步降低成本，提高能源利用效率。同时，数字经济还能促进煤炭资源区域与其他地区的能源合作与交流，引进更多先进的节能技术和经验，推动区域能源强度的持续下降。另外，能源强度的降低意味着能源利用效率的提高，进而可以确保更多的能源被用于生产和服务，从而推动经济的可持续发展。对于煤炭资源型区域而言，降低能源强度有助于减少对煤炭资源的过度依赖，提升生态环境质量，实现对区域高质量与可持续发展。

表5－6　机制检验

变量	(1)	(2)	(3)
	Ln*Pgdp*	Ln*Labou*	Ln*Energy*
cd	1.369*** (4.897)	1.075* (2.387)	-1.031** (-2.924)
控制变量	YES	YES	YES

续表

变量	(1)	(2)	(3)
	LnPgdp	LnLabou	LnEnergy
常量	10.061*** (124.900)	3.262*** (25.120)	-8.589*** (-84.481)
时间固定效应	YES	YES	YES
个体固定效应	YES	YES	YES
N	350	350	350
R^2	0.440	0.751	0.312

注：括号内为T统计量，* 表示 $p<0.05$，** 表示 $p<0.01$，*** 表示 $p<0.001$。

5.5 异质性分析

5.5.1 发展阶段

煤炭资源型城市所处发展阶段不同，其产业结构、经济增长模式及资源利用效率也各不相同，呈现出差异化的发展特征。为检验数字经济对不同发展阶段的煤炭资源型城市产业发展水平的影响是否具有异质性，本书参照国务院颁布的《全国资源型城市可持续发展规划（2013—2020年）》，将研究样本划分为成长型、成熟型、衰退型与再生型4类进行回归分析，另外，结合煤炭资源丰度的比较分析，将长春市与铁岭市分别归为成长型与再生型行列中，结果如表5-7所示。可以看出，对于成长型与衰退型煤炭资源型城市来说，数字经济与产业升级协同对区域高质量发展的影响不显著，而对成熟型与再生型煤炭资源型区域表现影响显著。成长型煤炭资源型城市通常处于经济发展初期，对新技术和新产业模式具有较高的接纳度和适应性，但该阶段城市的经济基础相对薄弱，数字经济的影响尚未充分显现，导致回归系数不显著。衰落型煤炭资源依赖型城市普遍遭遇资源枯竭、产业结构单一化等挑战，导致经济发展陷入困境，且缺乏充分的资本投入与政策支持，因此该类城市的数字经济发展难以实现快速推进与广泛渗透。成熟型煤炭资源型城市经济基础较为稳固，产业结构相对完善，数字经济能够为其传统产业注入新的活力，推动产业升级和转型。再生型煤炭资源型城市经济基础较为稳固，在数字经济发展方面已经形成较为完善的生态体系，使数字经济能够充分发挥积极作用，推动城市经济持续发展。

表 5－7　　煤炭资源型城市发展阶段异质性

变量	(1)	(2)	(3)	(4)
	成长型	成熟型	衰退型	再生型
cd	0.214 (1.090)	0.065* (1.730)	−0.080 (−0.470)	0.129** (0.028)
控制变量	YES	YES	YES	YES
常量	−0.0810 (0.1006)	0.0225** (2.040)	−0.004 (−0.110)	−0.053 (0.076)
时间固定效应	YES	YES	YES	YES
个体固定效应	YES	YES	YES	YES
N	40	130	130	50
R^2	0.630	0.601	0.316	0.831

注：括号内为 T 统计量，* 表示 $p<0.05$，** 表示 $p<0.01$，*** 表示 $p<0.001$。

5.5.2 城市区位

由于我国区域跨度较大，各地区在经济结构、资源条件及政策环境上存在着显著差异，数字经济对不同区域高质量发展影响程度有所不同。为研究这一差异是否显著，本书将研究样本划分为东部地区、中部地区、西部地区以及东北部地区分别进行异质性检验，结果如表 5－8 所示。可以看出，数字经济对我国东部、中部以及东北部煤炭资源型城市高质量发展均有显著的正向影响，但对西部地区高质量发展并不显著。东部地区回归系数显著为正，数值为 0.418。一方面，东部地区煤炭资源型城市经济开发程度较高，拥有较为完善的基础设施和市场体系，有利于煤炭资源型城市数字经济的渗透。另一方面，凭借丰富的人力资源和强大的创新能力，东部地区的煤炭资源型城市在数字经济时代实现跨越式发展。中部地区回归系数略低于东部地区，数值为0.069，且显著为正，表明中部地区煤炭资源型城市在承接东部产业转移的过程中，逐渐形成较为完善的产业链和产业集群，为数字经济的渗透提供较好的硬件条件，以此推动中部地区经济的高质量发展。东北部煤炭资源型城市回归系数为0.043，且显著为正。东北部地区曾是我国重要的工业基地，拥有较为完善的工业体系和产业基础，为东北部地区煤炭资源型城市数字经济的发展提供较好的支撑。尽管东北部煤炭资源型城市在经济发展过程中面临一些挑战，但其在数字经济时代积极寻求转型和创新，进而推动区域的高质量发展。西部地区回归系数表现不显著，西部地区煤炭资源型城市在转型升级过程中面临经济基础薄弱、产业结构单一、人才资源流失等多方面挑战，导致数字经济难以充分发挥其积极作用，从而限制了西部煤炭资源型城市的高质量发展。

表5-8　　煤炭资源型城市区位异质性分析结果

变量	(1)	(2)	(3)	(4)
	东部	中部	西部	东北部
cd	0.418** (0.146)	0.069** (0.0246)	0.009 (0.030)	0.043** (2.350)
控制变量	YES	YES	YES	YES
常量	-0.2674 (0.151)	0.023*** (0.006)	0.022* (0.009)	-0.0784 (0.0737)
时间固定效应	YES	YES	YES	YES
个体固定效应	YES	YES	YES	YES
N	60	120	50	120
R^2	0.838	0.824	0.273	0.245

注：括号内为T统计量，* 表示 $p<0.05$，** 表示 $p<0.01$，*** 表示 $p<0.001$。

5.5.3　城市规模

本书依据中国国务院2014年发布的《关于调整城市规模划分标准的通知》，将研究样本分为大城市、中等城市及小城市。由于研究样本不涉及小城市样本，因此研究结果仅表示大、中等城市。研究结果如表5-9所示。结果表明，大城市中，数字经济与产业升级协同对煤炭资源型区域高质量发展表现出显著的正向推动作用，系数为0.234。中等城市中，系数虽为正值0.129，但不显著。可以发现，煤炭资源型城市规模越大，数字经济与产业升级的协同效应对区域高质量发展的促进效果越明显。大城市中，数字经济的蓬勃发展与产业升级的深入进行形成良好的互动效应，共同促进煤炭资源型区域的经济结构优化、创新能力提升、生态环境保护等方面的显著改善。此外，大城市通常具备更为完善的数字化基础设施、丰富的资源禀赋和较高的经济发展水平，为数字经济与产业升级的协同发展提供有力的支撑。相比之下，中等城市在资源投入、技术创新和产业升级等方面面临着更多的挑战和限制。由于缺乏足够的资金和技术支持来推动数字经济的深入发展，同时产业升级的进程也可能受到市场需求、人才短缺等因素的制约。因此，在中等城市中，数字经济与产业升级的协同作用尚未能充分发挥其对煤炭资源型区域高质量发展的推动作用。

表5-9　　煤炭资源型区域异质性分析结果

变量	(1)	(2)
	中等城市	大城市
cd	0.129 (1.570)	0.234*** (3.230)
控制变量	YES	YES
常量	-0.000 (-0.230)	-0.059** (-2.530)

续表

变量	(1)	(2)
	中等城市	大城市
时间固定效应	YES	YES
个体固定效应	YES	YES
N	35	315
R^2	0.496	0.198

注：括号内为T统计量，* 表示 $p<0.05$，** 表示 $p<0.01$，*** 表示 $p<0.001$。

5.6 本章小结

基于2012—2021年全国35个煤炭资源型城市面板数据，系统分析数字经济与产业升级协同对煤炭资源型区域高质量发展的驱动机制，并进行实证检验，研究发现：

第一，基准回归分析中显示，两者协同对煤炭资源型城市高质量发展具有显著的正向影响，表明两者深度融合能够有效推动煤炭资源型城市的转型升级和高质量发展。

第二，稳健性检验通过替换被解释变量、剔除特殊年份等方法验证，结果表明，数字经济与产业升级协同对煤炭资源型城市高质量发展的助推作用在不同情境下均保持稳健，进一步验证结果的稳健性。

第三，门槛效应分析结果表明，单一门限值、双重门限值以及三重门限值均未通过显著性检验。意味着在当前的样本和数据条件下，没有充分的证据支持两者协同发展与区域高质量发展之间存在非线性关系的假设。

第四，在机制分析中，本书深入剖析数字经济与产业升级协同如何通过经济发展水平、劳动生产率、能源强度等路径推动煤炭资源型城市高质量发展。实证检验结果表明两者协同发展积极带动区域经济发展水平、劳动生产率和降低能源消耗强度，从而实现城市的可持续发展。

第五，本书通过异质性检验分析考察数字经济与产业升级协同对不同发展阶段、不同区位的煤炭资源型城市高质量发展的助推作用是否存在差异。结果表明，两者协同对不同发展阶段、不同区位的煤炭资源型城市高质量发展的助推作用存在差异，但总体上均表现出积极的推动作用，这为制定差异化的数实融合发展策略提供重要参考。

第6章

数实融合提升煤炭资源型区域全要素生产率的实证分析

6.1　理论机制与研究假设

6.1.1　直接作用机制分析

煤炭资源型区域的数字经济与产业升级协同发展对全要素生产率的影响是多方面的，从产业内部的核心技术革新到产业外部的市场结构重塑，再到宏观层面的绿色可持续发展，呈现出多层次、全方位的特征。本书依据两者协同发展的理论依据，遵循两者协同发展机制，从不同视角来分析两者协同驱动煤炭资源型区域全要素生产率的影响机制。

从产业内部来看，数字经济与产业升级协同形成技术创新与生产效率的“索洛剩余增长效应”。数字经济的首要推动力在于其通过技术创新（Liu 等，2023），以人工智能、大数据、物联网等为代表的先进技术，实现生产效率的显著提升，进而形成“索洛剩余增长效应”（王启铭和张爱儒，2021）。换句话说，经济增长除资本和劳动的投入外，还存在无法由资本和劳动解释的部分，即技术进步带来的“剩余”增长。在数字经济背景下，“剩余”增长被赋予新的内涵。具体而言，煤炭资源型区域智能开采、自动化运输、远程监控等数字技术的应用，不仅有助于降低生产成本，提高资源利用效率，还通过数据分析优化生产流程，实现精细化管理（余东华和李云汉，2021）。数字技术进步不仅能够提升煤炭产业的直接生产效率，还通过“扩散效应”和“溢出效应”，促进煤炭产业链的技术创新和效率提升，形成产业升级的内生动力。此外，技术创新与效率提升意味着在保持或增加产出的同时，减少资源消耗和降低成本，从而增强市场竞争力（宋玉臣和朱铭祺，2024）。两者相互作用形成良性循环，提升煤炭开采和加工的直接效率，从而显著提高煤炭资源型区域的全要素生产率，为区域经济的可持续发展奠定坚实基础。

从产业外部来看，数字经济与煤炭资源型区域产业升级的协同推动作用还体现在对市场结构的重塑上。波特（Porter）的竞争战略理论指出，市场竞争的加剧会促使企业不断创新，提升产品质量和服务水平，以维持或增强竞争优势（林毅夫和付才辉，2022）。随着数字技术的广泛应用，煤炭资源型区域市场的信息透明度大幅提升（Huo 和 Wang，2022），采购方需求的变化和市场趋势的预测变得更加精准，促使煤炭企业必须不断创新以满足市场需求，提升竞争力。同时，数字平台的发展降低了市场准入门槛，为中小企业提供更多机会，促进市场结构的多元化和产业升级的加速。因此，数字经济不仅推动煤炭产业的转型升级，还带动区域相关服务业、信息产业等新兴产业的发展，形成产业生态的良性循环（陈宇斌和王森，2024）。同时，市场重塑可以完善市场机制，不仅可以发挥市场在资源配置中的决定性作用，还可以加强市场监管、促进公平竞争、激发市场活力，进而提高区域全要素生产率（薛莹和赵文凯，2024）。

从宏观层面来看，数字经济与煤炭资源型区域产业升级的协同促进作用还体现在促进区域经济转型与推动可持续发展方面。绿色经济理论强调，经济发展应与环境保护和资源节约相结合，实现经济效益、社会效益和环境效益的协调发展（王锋等，2024）。一方面，数字技术的应用能够促进煤炭产业的绿色转型（廖珍珍和茹少峰，2024）。通过智能化开采、废弃物回收利用、环境监测等手段，数字经济降低煤炭开采和加工过程中的环境污染和资源消耗，提高煤炭产业的可持续发展能力，促进全要素生产率的提升。另一方面，数字经济推动区域经济结构的优化升级（Liu 等，2024）。随着数字经济的蓬勃发展，煤炭资源型区域逐渐从单一依赖煤炭资源的传统发展模式，向多元化、综合性的现代发展模式转变（程蕾，2024）。这一过程不仅提升煤炭资源型区域经济的抗风险能力，还为区域经济的长期发展提供坚实的支撑。与此同时，经济转型促使产业结构优化，推动高新技术产业和现代服务业的发展，减少对煤炭资源的过度依赖，从而提高资源利用效率和生产效益。可持续发展强调环境保护与经济发展并重（张坤和潘家华，2024），环保技术的创新应用能够减少环境污染，改善生产环境，促进提升区域全要素生产率。综上所述，本书构建理论框架，如图6－1所示。

由此，本书提出假设1：数字经济与产业升级深度融合能够促进煤炭资源型区域全要素生产率。

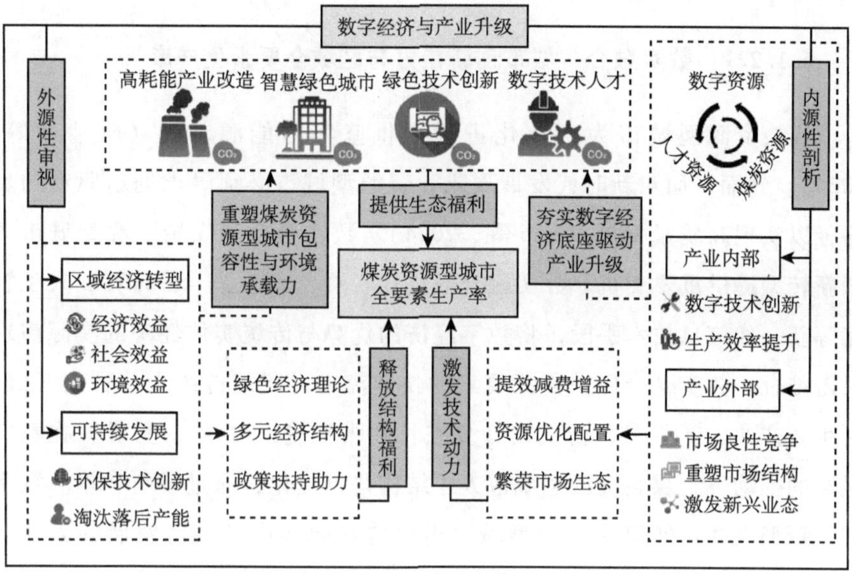

图6－1 数字经济与产业升级协同对区域全要素生产率影响的理论分析框架

6.1.2 间接作用机制分析

全要素生产率作为衡量煤炭资源型区域综合发展效能与可持续性的核心指标，涵盖城市生产活动（朱杰堂等，2022）、城市生活质量（温皓然和林树，2024）、城市生态环境（王丰羽等，2023）三个关键维度。数字经济与实体经济深度融合已逐步成为驱动煤炭资源型区域全要素生产率跃升的新引擎。城市生产活动的高效运行是全要素生产率的重要驱动力，技术创新通过优化煤炭开采与加工流程，提高资源利用效率，减少能耗与排放，从而直接推动煤炭资源型区域全要素生产率的显著提升，加速区域经济绿色转型与可持续发展。城市生活质量的提升则通过人力资本水平来促进产业升级（Ni 等，2023），激发经济新增长点。城市生态环境的改善，不仅提升居民幸福感，还吸引环保产业，促进经济结构调整。总而言之，三者环环相扣，生产活动的高效推动生活质量的提升，生态环境的优化又反哺生产与生活，共同作用于全要素生产率的提升，形成良性循环。

6.1.2.1 数实融合、城市创新能力与区域全要素生产率

煤炭资源型城市为工业化进程提供坚实的能源基础（陈清荷等，2024）。然而，面对新时代发展要求，资源型城市必须寻求创新驱动的新路径以实现高质量发展（Luo 等，2024）。数实融合为煤炭资源型城市的创新转型提供重要契机。数实融合通过互联网、大数据、云计算、人工智能等新一代信息技术手段，将数字经济的优势与传统实体经济的实际需求紧密结合。数实融合促进资源要素的快速流动，赋能传统产业转型升级，催生新产业、新业态和新模式（夏杰长和张雅俊，2024）。另外，在数实融合的推动下，煤炭资源型城市人才结构得以优化，通过吸引和培养数字型创新型人才，使煤炭资源型城市得以构建起适应新经济发展的人才队伍，为持续创新和产业升级提供坚实的人才支撑。

创新水平是提高全要素生产率的核心，具有创造性破坏的关键作用（刘志铭和徐佳慧，2024）。熊彼特在其创新理论中强调，创新不仅是技术上的变革，更是对现有经济结构和生产方式的根本性颠覆。在城市创新的推动下，新技术、新业态、新商业模式不断涌现，新兴元素通过"创造性破坏"的过程，不断替代和优化旧有的生产方式，从而提高全要素生产率。另外，城市创新水平是全要素生产率增长的重要源泉，它使同样的投入能够产生更多的产出，或者同样的产出需要更少的投入（高丽娜等，2025）。资源配置的优化则通过提高资源利用效率，使煤炭资源型城市经济体系中的各个组成部分能够更加协同、高效地运转，从而促进煤炭资源型城市全要素生产率的提升。

由此，本书提出假设 2：数字经济与产业升级深度融合，通过提升城市创新能力促进区域全要素生产率。

6.1.2.2　数实融合、人力资本水平与区域全要素生产率

数字经济时代，人力资本是支撑产业转型、推动地区从依赖煤炭资源的传统产业向多元化、高科技方向迈进的关键力量（张婷婷，2024）。一方面，数实融合有助于促进煤炭产业的智能化和数字化发展，新兴技术的广泛应用对高技能人才的需求日益增加，推动教育体系和职业培训机构的改革，使其更加注重培养与数字经济相关的专业人才，从而提高劳动力的专业技能和综合素质，增强新型劳动力适应新技术、新工艺和新设备的能力（毛丰付等，2024）。另一方面，数实融合有助于促进煤炭资源型地区的人才流动和创新创业。数字网络平台的兴起打破地域限制，使得人才可以在更广阔的范围选择适合自己的发展机会，有效促进区域人力资本水平的提升。

人力资本的提升意味着劳动力素质的全面提高，极大地促进煤炭资源型区域全要素生产率的提升（曾绍伦等，2024）。一方面，当劳动力具备更高的知识水平、专业技能和创新能力时，劳动者能够更加高效地利用资源，优化生产流程，推动技术创新，进而提升生产效率。生产效率的提升不仅体现在单个企业层面，更能在整个区域内形成良性循环，带动产业升级和经济结构的优化，从而全面提升煤炭资源型区域的全要素生产率，为区域的可持续发展注入强大动力。另一方面，高素质劳动力具有更强的团队协作和沟通能力，能够更好地适应复杂多变的工作环境。由于历史原因和产业结构特点，煤炭资源型区域往往存在人才结构单一、劳动力流动性不足等问题。人力资本水平的提升有助于打破这些制约“瓶颈”，促进劳动力在不同产业、不同岗位之间的流动和优化配置。这不仅有助于提高劳动力市场的灵活性，还能促进知识、技能和经验的传播和共享，进一步推动全要素生产率的提升。

由此，本书提出假设3：数字经济与产业升级的深度融合，通过提升人力资本水平促进区域全要素生产率。

6.1.2.3 数实融合、生态环境质量与区域全要素生产率

煤炭资源型城市长期依赖煤炭资源开发，驱动区域经济的快速增长，同时使得生态环境质量面临着严峻挑战，引发“资源耗竭—环境胁迫”的问题。换句话说，因其资源过度开采而引发的多重环境问题，产生地表塌陷、水体严重污染、空气质量急剧下降及生态系统服务功能退化等问题。随着数字经济与实体经济的深度融合，煤炭资源型城市开始探索绿色转型的新路径。在数实融合的推动下，煤炭资源型城市开始探索智慧城市建设，通过大数据分析、物联网、云计算等先进技术，实现城市资源的优化配置和生态环境的精准管理。一方面，数实融合为城市规划提供科学依据。通过遥感监测、空间分析等手段，可以精准掌握城市绿地资源的分布和变化情况，为绿地规划和建设提供数据支持（崔琳昊和冯烽，2024）。另一方面，数实融合推动城市绿地建设的智能化和精细化管理，通过智能灌溉系统、病虫害监测预警系统等，提高绿地养护的效率和质量，确保绿地生态功能，为城市生态环境质量提供保障。

在煤炭资源型城市的转型发展中，生态环境质量的改善，特别是建成区绿化覆盖率的增加，对于减少碳排放具有重要意义（张倩等，2025；陶晓等，2024）。绿地作为城市“碳汇”，能够有效吸收并储存大气中的二氧化碳，对缓解城市热岛效应、改善空气质量具有积极作用，已成为全要素生产率提升的重要因素。另外，生态环境质量的提高，有助于改善城市空气质量、调节城市微气候，从而提升城市居民的健康水平和幸福感，进一步激发城市创新活力（晏清，2024）。同时，绿地作为城市生态系统的重要组成部分，能够提升城市的生物多样性和生态服务功能，为城市经济发展提供持续的生态支撑，进一步促进区域全要素生产率的提升。

由此，本书提出假设4：数字经济与产业升级深度融合，通过提高生态环境质量促进区域全要素生产率。

6.2 研究设计

6.2.1 变量选取

（1）被解释变量：全要素生产率（TFP）。①投入变量。投入指标分为劳动力、资本存量以及能源消耗量。劳动力：煤炭开采和洗选业是采矿业的一个重要分支，专注于煤炭资源的开采和初步加工。因此，选取采矿业从业人员数衡量劳动力。资本存量：选取各地市级固定资本存量衡量资本存量。能源消费量：采用每年各地级市能源消费总量表示，并将能源消费量转化成万吨标准煤。②产出变量。产出指标分为期望产出与非期望产出（郭沛和梁栋，2022）。期望产出采用各地市级地区总产值表示，直观地反映煤炭资源型城市经济活动的总体规模和增长情况，是衡量地区经济发展状况的关键数据。非期望产出则主要关注煤炭产业发展对环境造成的负面影响，因此选取各地市级碳排放总量表示。

（2）解释变量：数字经济与煤炭资源型区域产业升级耦合协调度（*cd*）为核心解释变量；

（3）机制变量：本书在以煤炭资源型区域全要素生产率为被解释变量的基础上，基于城市生产活动、城市生活质量、城市生态环境三个维度分别选取城市创新能力（ln*innov*）、人力资本水平（ln*hc*）、生态环境质量（ln*green*）。其中，城市创新能力（ln*innov*）参考历年《中国城市和产业创新力报告》，以城市创新指数的对数来衡量（王建康和韩倩，2022）；人力资本水平（ln*hc*），以普通本专科在校生人数占总人口比重的对数来衡量（姜雨等，2024）；生态环境（ln*green*），以建成区绿化覆盖率的对数来衡量（安敏等，2022）。

（4）控制变量：城市人均薪资水平（ln*wage*），以城市人均薪资水平的对数来衡量；对外开放程度（*open*），以货物出口总额×汇率与地区生产总值的比重来衡量；居民消费价格指数（cpi），采用城市居民消费价格指数来衡量；人口密度（$\ln people$），采用地区总人口与土地面积比重的对数来衡量；金融发展水平（fin），以年末金融机构贷款占地区生产总值比重来衡量。

6.2.2 模型构建

本书构建如下面板数据模型和基准面板回归模型，进一步探究数字经济与产业升级协同对区域全要素生产率的影响。

$$T_{it} = \alpha + \beta_1 cd_{it} + \beta_2 \ln wage_{it} + \beta_3 open_{it} + B_4 cpi_{it} + \beta_5 \ln people_{it} + \beta_6 fin_{it} + \mu_t + \varphi_i + \varepsilon_{it} \quad (6-1)$$

$$media_{i,t} = \eta_0 + \eta_1 cd_{it} + \eta_i + \beta_2 \ln wage_{it} + \beta_3 open_{it} + B_4 cpi_{it} + \beta_5 \ln people_{it} + \beta_6 fin_{it} + \mu_t + \varphi_i + \varepsilon_{it} \quad (6-2)$$

其中，T_{it} 代表全要素生产率；i 代表地区，t 代表年份，α 为常数项，β_1 至 β_6 为待估参数，ε_{it} 是随机误差项。$media$ 代表机制变量，即城市创新能力、人力资本水平、生态环境质量。

6.2.3 全要素生产率测度结果分析

利用 Maxdea 软件测算出 2012—2021 年煤炭资源型城市的全要素生产率（邱婷等，2023）。TFP > 1 时，表明煤炭资源型城市在研究期内的生产效率是增长的；反之，表示下降。全国 35 个煤炭资源型城市全要素生产率指数在 2012—2021 年的几何平均值结果如表 6 - 1 所示。从整体层面来看，煤炭资源型城市的全要素生产率在 2012—2021 年几何平均值为 0.984，数值略低于理想状态（即 TFP = 1）。在此期间，煤炭资源型城市的生产效率虽有增长，但并未实现显著提升，整体上仍存在一定的效率损失或资源浪费现象。表明未来煤炭资源型城市应进一步加大技术创新和管理优化力度，以提升生产效率，坚持"绿水青山就是金山银山"的理念，保证经济发展的同时加大对煤炭资源型城市生态环境的保护力度，最终实现资源型城市的高质量发展。

表 6 - 1　2012—2021 年煤炭资源型城市全要素生产率指数的几何平均值

城市	TFP	城市	TFP	城市	TFP
唐山市	1.042416	鹤岗市	0.990707	淮南市	0.987576
邯郸市	0.959917	双鸭山市	0.999306	淮北市	0.946350
邢台市	0.999356	七台河市	0.996186	宿州市	0.979418
大同市	1.066602	抚顺市	0.945129	萍乡市	0.977585
阳泉市	0.940503	阜新市	0.908372	枣庄市	1.005516
长治市	0.964396	铁岭市	0.967526	济宁市	0.978268
晋城市	0.946320	葫芦岛市	1.029125	平顶山市	0.990627
朔州市	0.952544	长春市	1.186373	鹤壁市	0.953324
乌海市	0.971522	辽源市	0.904540	焦作市	0.978156
赤峰市	1.003408	通化市	1.025838	六盘水市	0.894148
鄂尔多斯市	0.953206	白山市	0.959529	铜川市	0.925406
鸡西市	0.964398	徐州市	1.205323	几何平均值	0.984444

6.3　实证检验与分析

6.3.1　基准回归分析

结果如表 6 - 2 所示，双向固定效应模型的回归系数显著为正，数值为 3.293，表明两者协同对区域全要素生产率具有正向推动作用，验证假设 1。首先，随着数字经济与产业升级的深度融合在煤炭资源型城市的广泛应用，通过技术创新和模式创新，优化资源配置，提升区域全要素生产率。其次，大数据、云计算、物联网等先进技术的引入，使煤炭开采、加工和利用等各个环节更加智能化、自动化，在有效降低能源消耗、提高资源利用效率的同时，也使碳排放等污染得到一定的限制，使全要素生产率非期望产出得到抑制。最后，数字经济与产业升级的协同使煤炭资源型城市形成全新的经济增长点和就业机会，带动煤炭资源型城市劳动力的发展，从而进一步促进全要素生产率的提升。

表 6-2　　基准回归结果

变量	模型一
	TFP
cd	3.293* (2.239)
控制变量	YES
常量	5.013 (0.750)
时间固定效应	YES
个体固定效应	YES
N	350
R^2	0.043

注：括号内为 T 统计量，* 表示 $p<0.05$，** 表示 $p<0.01$，*** 表示 $p<0.001$。

6.3.2　稳健性检验

6.3.2.1　依次加入控制变量

如表 6-3 所示，在不同研究模型中依次加入控制变量后，核心解释变量依旧显著为正，且方向保持一致。同时，随着控制变量的加入，调整 R^2 变动相对稳定，说明依次加入控制变量均在一定程度上提高模型的解释力度，进一步支持模型的稳健性，并说明未涉及的变量未对回归结果产生显著干扰。

表 6-3　　依次加入控制变量

变量	TFP				
	(1)	(2)	(3)	(4)	(5)
cd	3.010* (2.071)	3.208* (2.203)	3.188* (2.184)	3.267* (2.224)	3.293* (2.239)
ln*wage*	-0.361 (-0.589)	-0.347 (-0.568)	-0.313 (-0.504)	-0.313 (-0.504)	-0.356 (-0.568)
open		-0.022 (-1.515)	-0.022 (-1.526)	-0.023 (-1.575)	-0.024 (-1.650)
cpi			-0.016 (-0.318)	-0.015 (-0.297)	-0.015 (-0.286)
ln*people*				-0.175 (-0.549)	-0.152 (-0.472)
fin					0.047 (0.607)
常量	4.360 (0.681)	4.206 (0.658)	3.885 (0.600)	4.705 (0.707)	5.013 (0.750)
时间固定效应	是	是	是	是	是
个体固定效应	是	是	是	是	是
N	350	350	350	350	350
R^2	0.046	0.050	0.047	0.045	0.43

注：括号内为 T 统计量，* 表示 $p<0.05$，** 表示 $p<0.01$，*** 表示 $p<0.001$。

6.3.2.2 剔除特殊时间样本

鉴于2020年新冠（COVID-19）疫情全球范围内的大规模暴发对全球经济产生的显著负面影响，以及数据存在异常波动现象，为确保分析结果的稳健性，故将2020年数据剔除后再进行回归。从回归结果看（表6-4），核心解释变量系数显著为正，表明基准回归结果的稳健性，进一步证实数字经济与煤炭资源型城市产业升级协同在促进全要素生产率提升方面的核心作用。

表 6-4　　剔除特殊时间样本

变量	模型一
	TFP
cd	3.631* (2.253)
控制变量	YES
N	315
R^2	0.035
常量	4.857 (0.665)
时间固定效应	YES
个体固定效应	YES

注：括号内为 T 统计量，* 表示 $p<0.05$，** 表示 $p<0.01$，*** 表示 $p<0.001$。

6.3.3 门槛效应分析

根据前文理论部分表述，以面板门槛模型进行非线性关系检验，以数字经济与产业升级耦合协调度（*cd*）为门限变量，以城市创新能力、人力资本水平、生态环境质量为被解释变量。

如表 6-5 门槛效应结果所示，单一门限值、双重门限值以及三重门限值均未通过显著性检验。说明数字经济和产业升级的深度融合与煤炭资源型城市全要素生产率发展之间不是简单的非线性关系。

表 6-5　　门限效应结果

被解释变量	Ln*innov*		Ln*hc*		Ln*green*	
门限变量	*cd*					
门限个数	门限值	P 值	门限值	P 值	门限值	P 值
单一门限模型	0.277	0.763	0.193	0.089	0.401	0.103
双重门限模型	0.281 0.187	0.717	0.200 0.292	0.057	0.393 0.233	0.067
三重门限模型	0.243	0.807	0.238	0.900	0.313	0.743

6.4　影响机制分析

6.4.1　城市创新能力的机制效应

城市创新能力的机制检验结果见表6-6。如表6-6列（1）所示，数字经济与产业升级协同系数为2.381，且在1%的置信区间内显著为正，数字经济与产业升级在推动区域创新存在显著的协同效应，进而促进煤炭资源型区域全要素生产率的提升，验证假设2。在煤炭资源型城市的转型发展中，数字经济与产业升级的协同作用日益凸显，为煤炭资源型城市的高质量发展提供了前所未有的机遇。数字经济通过技术创新和模式创新，推动煤炭资源型城市的传统产业向智能化、绿色化、服务化方向转型升级，提高传统产业的生产效率和产品附加值，从而提升煤炭资源型城市的核心竞争力。另外，两者的深度融合激发煤炭资源型城市创新资源的集聚和共享，推动创新生态的构建和完善。这不仅提升城市的创新能力，还有助于实现城市经济与环境的协调发展。同时，创新指数的提升，意味着煤炭资源型城市在技术创新、管理创新、制度创新等方面取得显著进步，提高城市的生产效率和产品质量，有助于促进煤炭产业链的延伸和附加值的提升。通过引入新技术、新工艺和新模式，煤炭资源型城市的传统产业得以转型升级，新兴产业得以快速发展，进而推动全要素生产率的提升。

6.4.2　人力资本水平的机制效应

人力资本水平的机制检验结果见表6-6，如列（2）所示，数字经济与产业升级协同对人力资本水平产生显著的正向影响，且在1%水平下显著。这不仅强化人力资本水平在推动经济发展中的核心地位，而且明确指出两者深度融合通过促进人力资本水平来推动煤炭资源型城市全要素生产率提升的具体路径，验证假设3。数字经济与产业升级的深度融合为煤炭资源型城市带来人才培养和技能提升的全新机遇。随着数字技术的广泛应用和产业的不断升级，地区对高技能人才的需求日益迫切，直接推动教育资源的优化配置和人才培养模式的创新，进而提升地区人力资本水平。高技能、高素质的劳动力能够更好地理解和应用新技术、新工艺和新设备，从而对资源实现更加有效的利用，为指导煤炭企业调整生产计划和资源配置提供新方案，进一步促进提升区域全要素生产率。

6.4.3 生态环境质量的机制效应

生态环境质量的机制检验结果见表6-6，如列（3）所示，数字经济与产业升级协同系数为0.768，且在1%的置信区间内显著为正，说明数字经济与产业升级的融合能够有效提升城市生态环境质量，进而促进煤炭资源型区域全要素生产率，验证假设4。

表6-6　机制检验

变量	(1)	(2)	(3)
	Ln*innov*	Ln*hc*	Ln*green*
cd	2.381 *** (5.409)	4.931 *** (4.462)	0.768 *** (4.513)
控制变量	YES	YES	YES
常量	-2.565 (-1.283)	-9.206 (-1.834)	2.952 *** (3.819)
时间固定效应	YES	YES	YES
个体固定效应	YES	YES	YES
N	350	350	350
R^2	0.905	0.941	0.148

注：括号内为T统计量，* 表示 $p<0.05$，** 表示 $p<0.01$，*** 表示 $p<0.001$。

数字经济与产业升级的协同以其高效、智能、绿色的特点，推动产业结构由传统的高污染、高能耗向绿色低碳、循环经济转型，为城市发展注入新的活力。通过大数据分析、物联网、云计算等先进技术，能够精准定位城市生态环境质量中的“瓶颈”问题，为绿化建设提供科学依据。同时，两者协同还能促进资源优化配置，提高绿化项目的实施效率和管理水平。另外，城市生态环境质量的改善意味着煤炭资源型城市可以优化城市空间布局，使土地利用更加科学、合理，为城市经济发展提供更多的土地资源。合理的空间布局也有助于提升城市的交通效率、降低物流成本，提高城市的整体生产效率，进而推动煤炭资源型城市全要素生产率的提升。

6.5 异质性检验

6.5.1 发展阶段

将研究样本划分为成长型、成熟型、衰退型与再生型4种不同阶段进行回归分析，同时结合煤炭资源丰度，将长春市与铁岭市分别归为成长型与再生型行列中。结果如表6-7所示。可以看出，对于成长型与再生型煤炭资源型城市来说，数字经济与产业升级协同对区域全要素生产率的影响显著；对成熟型与衰退型煤炭资源型城市全要素生产率影响不显著。成长型城市中，数字经济与产业升级的协同作用对区域全要素生产率的影响显著为正，数值为9.178。表明在煤炭资源型城市处于成长期时，数字经济的融入能够极大地促进产业升级，提高生产效率，进一步带动全要素生产率的提升。

表6-7 煤炭资源型城市发展阶段异质性

变量	(1)	(2)	(3)	(4)
	成长型	成熟型	衰退型	再生型
cd	9.178*** (3.400)	-1.796 (-1.360)	0.585 (0.130)	4.492*** (2.720)
控制变量	YES	YES	YES	YES

续表

变量	(1)	(2)	(3)	(4)
	成长型	成熟型	衰退型	再生型
常量	-10.900 (-0.490)	4.793 (1.000)	9.479 (0.650)	-29.44 (-1.420)
时间固定效应	YES	YES	YES	YES
个体固定效应	YES	YES	YES	YES
N	40	130	130	50
R^2	0.669	0.463	0.088	0.711

注：括号内为T统计量，* 表示 $p<0.05$，** 表示 $p<0.01$，*** 表示 $p<0.001$。

在再生型城市中，数字经济与产业升级的协同作用依旧显著为正，数值为4.492。表明在煤炭资源型城市经历衰退后进行再生时，数字经济的快速发展与产业升级的紧密结合，为城市带来新的发展机遇，显著提升全要素生产率，推动城市实现经济的转型升级和高质量发展。对于成熟型城市，数字经济与产业升级的协同影响并不显著，甚至表现为轻微的负面影响（-1.796）。成熟型城市产业结构相对稳定，数字经济对传统产业的改造升级难度较大，数字经济的推动作用尚未充分显现。衰退型城市数字经济与产业升级的协同影响虽然为正（0.585），但数值相对较低，表明数字经济与产业升级协同对区域全要素生产率的提升作用有限。这与衰退型城市面临的资源枯竭、产业衰退等困境有关，数字经济的融入虽然能带来一定的生机，但难以从根本上改变其衰退的趋势。

6.5.2 城市区位

本书将研究样本划分为东部、中部、西部以及东北部地区分别进行异质性检验，结果如表6-8所示。可以看出，数字经济对我国东部、东北部煤炭资源型城市全要素生产率均有显著的正向影响，对中部地区表现出显著的负面影响，对西部地区全要素生产率影响不显著。东部地区凭借较强的经济基础、先进的产业结构以及较高的技术水平，可以更好地利用数字经济优势，实现产业智能化、绿色化转型，从而显著提升区域全要素生产率。东北部煤炭资源型城市虽然影响力略低于东部地区，但其积极借助数字经济的力量，推动传统煤炭产业的转型升级，进而提高生产效率，带动区域全要素生产率的提升。此外，通过政策引导、技术创新等手段，加速数字技术与煤炭产业的深度融合，促进全要素生产率的提升，进而为区域经济的新一轮增长提供有力支撑。然而，全要素生产率的增长在很大程度上依赖于技术进步和创新。

表6-8　煤炭资源型城市区位异质性分析结果

变量	(1)	(2)	(3)	(4)
	东部	中部	西部	东北部
cd	8.142*** (3.380)	-2.070** (-2.050)	-0.820 (-0.090)	3.126** (2.780)
控制变量	YES	YES	YES	YES
常量	-48.36* (-1.730)	1.330 (0.420)	52.370 (0.830)	2.123 (0.410)
时间固定效应	YES	YES	YES	YES
个体固定效应	YES	YES	YES	YES
N	60	120	50	120
R^2	0.770	0.479	0.304	0.212

注：括号内为T统计量，* 表示 $p<0.05$，** 表示 $p<0.01$，*** 表示 $p<0.001$。

中部地区在数字经济与产业升级的协同过程中，可能面临技术进步与创新的“瓶颈”。一方面，数字技术的应用需要较高的技术门槛和创新能力，而中部地区技术创新成果相对不足；另一方面，由于产业结构的相对单一和传统产业的转型升级滞后，中部地区可能缺乏足够的创新动力和资源投入，从而限制全要素生产率的提升。西部地区系数虽然为负但未达到统计显著性水平。这可能与西部地区的经济基础、产业结构和技术水平相对落后有关。西部地区煤炭资源型城市在数字经济与产业升级方面的发展相对滞后，尚未形成有效的协同机制，导致数字经济的推动作用有限。

6.5.3 城市规模

本书依据中国国务院2014年发布的《关于调整城市规模划分标准的通知》，将研究样本分为大城市、中等城市及小城市。由于研究样本不涉及小城市样本，因此研究结果仅表示大、中等城市。研究结果如表6－9所示。大城市中，数字经济与产业升级协同系数为2.723，且在1%的置信区间内显著为正。中等城市中，系数虽为正值（1.234），但不显著。可以发现，煤炭资源型城市规模越大，数字经济与产业升级的协同效应对全要素生产率的影响越明显。大城市通常具备更为完善的数字基础设施、更加尖端的科创能力与更丰富的高层次人才资源，为数字经济与产业升级的协同发展提供有力支撑。数字经济与煤炭资源型区域产业升级的深度融合，推动传统煤炭产业的智能化转型，催生新的经济增长点，显著提升全要素生产率。相比之下，中等煤炭资源型城市在资源禀赋、产业结构、技术创新能力等方面存在局限性，可能更依赖于传统的煤炭资源开发，在数字经济和新兴产业布局上相对滞后，从而限制全要素生产率的提升。

表6－9　煤炭资源型区域异质性分析结果

变量	(1)	(2)
	中等城市	大城市
cd	1.234 (0.030)	2.723*** (3.710)
控制变量	YES	YES
常量	38.140 (0.350)	0.412 (0.11)
时间固定效应	YES	YES
个体固定效应	YES	YES
N	35	315
R^2	0.346	0.323

注：括号内为T统计量，*表示 $p<0.05$，**表示 $p<0.01$，***表示 $p<0.001$。

6.6　本章小结

在探讨数字经济与产业升级协同促进煤炭资源型区域全要素生产率的影响路径中，本书以2012—2021年全国35个煤炭资源型城市为研究样本，采用双向固定效应模型、门限效应模型实证检验两者协同对区域全要素生产率的影响。同时，在此基础上分析城市创新能力、人力资本水平、生态环境质量的机制作用，研究表明：

第一，利用Maxdea测算全国35个煤炭资源型区域的全要素生产率，研究发现2012—2021年全国35个煤炭资源型城市全要素生产率年均值呈现波动式上升，但整体几何平均值未达到理想水平。表明在此期间，煤炭资源型城市的全要素生产率虽有增长，但未实现显著提升，整体上仍存在一定的效率损失或资源浪费现象。

第二，基准回归分析中显示，数字经济与产业升级协同对煤炭资源型区域全要素生产率具有显著的正向影响。意味着两者紧密结合能够有效带动全要素生产率提升，促进区域经济的健康发展。

第三，稳健性检验通过依次加入控制变量、剔除特殊年份等方法验证。结果表明，数字经济与产业升级协同对煤炭资源型区域全要素生产率的正向效应依然显著，进一步验证结果的稳健性。

第四，门槛效应分析结果显示，无论是单一门限值、双重门限值还是三重门限值，均未达到统计显著性水平。表明两者融合与煤炭资源型城市全要素生产率发展之间不是简单的非线性关系。

第五，机制分析结果显示，数字经济与产业升级协同可以通过提升城市创新能力、加强人力资本水平、提高生态环境质量的机制作用提升煤炭资源型区域全要素生产率。

第六，异质性检验中，数字经济与产业升级协同对不同发展阶段、不同城市区位、不同城市规模的煤炭资源型城市全要素生产率的影响呈现出复杂性和多样性，但总体上均表现出积极的推动作用。这表明在制定相关政策和规划时，需充分考虑城市的发展阶段、区位条件和规模特征，以实现更加精准、有效的数字化转型和产业升级策略，以此来促进区域全要素生产率的提升。

第 7 章

数实融合促进煤炭资源型区域发展新质生产力的实证分析

7.1 理论机制与研究假设

7.1.1 直接作用机制分析

新质生产力是在传统生产力取得重大进展的基础上，面对新一轮科技革命和产业变革的时代背景提出的新概念（解安和邵景润，2025）。新质生产力以科技创新为核心，以劳动者、劳动资料、劳动对象及其优化组合的质变为基本内涵（Zhang 等，2024）。数实融合以数据为主要驱动力（Sun 等，2024），促使传统生产关系优化升级，通过提高劳动者素质、创新劳动资料、升级劳动对象为煤炭资源型区域发展新质生产力提供机遇（高培培，2024）。

数实融合能够提高劳动者素质。一方面，随着数字技术的发展，网络平台持续涌现，海量的教育资源为劳动者学习提供技术支持。依托数字化知识的易获取性，煤炭产业工人可以通过模拟训练系统，掌握先进的安全操作技能，增强应急处理能力。技术人员和管理者则可以利用数据分析工具，学习如何更有效管理生产过程，从而提高煤炭生产的整体效率和安全性。另一方面，数实融合促使煤炭产业劳动者的工作模式发生变革，逐步实现从以体力劳动为主向以智力劳动为核心的转变（张沥幻和张金昌，2024）。在智能化和自动化系统的辅助下，煤炭开采过程中的大量重复性劳动被机器取代，工作内容从基础操作转向更高层次的数据监测和技术管理，提升劳动者的整体素质和创造性，进而推动新质生产力的发展（刘珺，2024）。

数实融合能够创新劳动资料。数实融合促进煤炭产业劳动资料的持续创新（洪银兴和任保平，2023），特别是在智能化设备与数字化工具应用领域，显著提升生产效率与资源配置的精确度（Wang 等，2022；吴俊珺和杜文豪，2024）。首先，数字技术使煤矿设备实现智能互联，实时监控设备运行状态，预测潜在故障，并通过远程诊断提前发现，从而减少停机时间和维护成本。其次，数实融合通过大数据和人工智能（王志刚和项猛，2024），优化煤炭生产中的资源配置和调度。利用数据驱动决策，企业可以实时掌握矿井开采、设备利用和原料消耗情况，从而实现更高效的资源分配。最后，数实融合推动煤炭产业在新能源和清洁能源技术领域的应用，促进煤炭深加工技术的创新，催生出更多高附加值产品。新型劳动资料的创新提升煤炭产业生产率，并推动煤炭产业向高效、绿色方向发展。

数实融合能够升级劳动对象。在煤炭资源型区域，数实融合通过优化煤炭采掘、加工和利用方式，提升劳动对象的质量和效益，进而推动生产力的提升（刘惠惠和高嘉遥，2025）。首先，数实融合促进煤炭的精细化开采。传统开采受限于技术，常出现资源浪费和开采不均匀等问题。智能化采矿技术的应用显著提高开采精度，避免过度开采和资源浪费。其次，数字技术促进煤炭多元化利用。通过大数据分析，煤炭产业根据市场需求优化产品种类和质量，形成以市场为导向的生产模式提升劳动对象的技术含量和附加值，推动煤炭产业向高质量、高效益发展。最后，智能化煤炭加工设备提高加工效率和产品质量，减少人工操作，增强产品一致性和稳定性，从而驱动煤炭资源型区域的传统生产力跃升成为新质生产力。

由此，本书提出假设1：数字经济与产业升级深度融合能够促进煤炭资源型区域新质生产力发展。

7.1.2 间接作用机制分析

7.1.2.1 数实融合、产业结构合理化与新质生产力

数实融合影响煤炭资源型区域产业结构合理化。一方面，数实融合通过促进煤炭产业与新兴产业的融合发展，加速传统煤炭产业的分化和升级，奠定新质生产力发展的产业基础（夏杰长，2024）。受国家产业政策和市场需求变化影响，不同产业之间实现合理分工协作，发挥各自比较优势，避免同质化重复建设，形成互补互促、相互支撑的格局，通过跨界融

合优化煤炭资源型区域产业结构，增强产业的系统性和协调性（沈梓鑫和郭玉瑶，2024）。另一方面，数实融合通过数据共享平台，整合科研院所、高校和企业的数据资源，促进跨领域技术创新。依托工业大数据和人工智能，推进智能采矿、设备运维和安全预测，推动煤炭产业智能化升级，促进产业转型和新业态发展，优化区域产业结构（刘阳和修长百，2022）。此外，数实融合依托数据要素，打破地理限制，推动煤炭资源型区域资源共享与产业协同。借助电商和数字物流，产品快速拓展至全国市场，带动区域经济一体化，促进产业合理布和区域协调发展。

产业结构合理化推动煤炭资源型区域产业链高效分工，优化各环节的资源配置，减少冗余劳动和资源浪费，从而发挥产业结构对新质生产力的推动作用（文丰安，2024）。产业结构合理化促进煤炭资源型区域产业多元化，减少对煤炭单一产业的依赖，推动新能源、新材料和现代服务业等新兴产业发展。多元化布局拓宽生产力来源，催生数字经济、绿色能源等新质生产力形态，有助于推动煤炭资源型区域经济和生产力全面升级，从而为新质产能注入持续动力。此外，产业结构合理化改善煤炭资源型区域的创新环境，引导更多的技术研发资源和创新要素流入煤炭产业，激发新技术和产品研发，形成以技术、数据和知识为基础的新质生产力，推动煤炭资源型区域从资源依赖的粗放型发展转向技术和创新驱动的高质量发展。

由此，本书提出假设 2：数字经济与产业升级深度融合，通过提升产业结构合理化促进区域新质生产力发展。

7.1.2.2 数实融合、研发投入强度与新质生产力

数实融合能够促进煤炭资源型区域从事研发活动。一方面，数实融合有助于煤炭产业增加研发投入，通过智能决策精准识别技术“瓶颈”和市场需求，解决低效研发问题，从而提高研发投入的有效性，增强研发投入强度。同时，数实融合促进企业、科研机构与政府之间的协同创新。通过数字化平台，煤炭资源型区域各方共享技术、数据和经验，形成跨界创新网络。利用协同作用提高资源整合效率，增强研发投入的效益，推动技术

创新和产业转型的加速（卢鹏，2024）。另一方面，数实融合推动煤炭产业构建智能化研发管理体系，实现研发项目的精细化管理与动态监控。数字平台实时分析研发进度和资金使用，优化研发投入结构与策略，提升研发投入资金利用效率。另外，数实融合有助于煤炭产业建立数据驱动的绩效评估与激励机制，通过实时监测和反馈优化研发团队的绩效管理，激发团队创新积极性，并推动煤炭资源型区域持续加大研发投入意愿。

研发投入强度能促进煤炭资源型区域发展新质生产力。首先，增加研发投入促进技术创新与工艺改进，提高生产效率和产品质量，突破煤炭资源依赖的传统生产模式，进而推动新质生产力的形成。同时，研发投入加速知识积累与技术转化，推动煤炭资源型区域向高附加值和技术密集型产业转型。其次，提高研发投入促进高素质人才的引进与培养，推动人力资本积累（徐玉德等，2024）。在煤炭资源型区域，创新型人才在新技术、新产品和新模式研发中发挥关键作用，为新质生产力的形成提供智力支持（邢占军和王晶心，2024）。最后，增加研发投入促进煤炭资源型区域产业结构调整，提升传统产业的生产工艺和资源利用效率，减少对煤炭资源的依赖。同时，研发推动绿色能源、高端制造和技术密集型产业的发展，促进区域经济从资源型向技术型转型，推动形成新质生产力。

由此，本书提出假设3：数字经济与产业升级深度融合，通过提升研发投入强度促进区域新质生产力发展。

7.1.2.3 数实融合、绿色技术创新水平与区域新质生产力

数实融合有助于煤炭资源型区域开展绿色技术创新。首先，数实融合加速煤炭资源型区域生产设备升级，推动高能效、低排放设备广泛应用。数实融合通过物联网技术，精准匹配能源消耗与生产需求，使设备维护和更新更加高效精准。煤炭产业能够实时获取设备数据，进行远程诊断和预测性维护，并及时更换高能耗、高污染设备，逐步引入绿色节能设施，推动绿色技术创新（柯阳谷，2024）。其次，数实融合能够降低煤炭资源型区域的绿色创新成本，加速突破绿色关键技术难题进程。数实融合为煤炭

产业绿色创新提供联合研发平台，加速绿色创新产出。同时，煤炭企业将实时数据集成到统一平台，加快企业间不同绿色研发技术集聚，促进复杂绿色关键技术的突破。借助数字技术，煤炭企业能及时获取市场需求和前沿技术等关键信息，有效降低绿色创新的沉没成本和失败风险。最后，数实融合打破部门壁垒，优化煤炭资源型区域的绿色技术创新流程。在绿色技术研发过程中，研发、生产和市场等部门即时交流数据，缩短绿色产品创新时间，加快绿色技术的研发、验证与应用，加速绿色技术创新的迭代升级。

作为加快实现新质生产力三要素重构的重要举措，绿色技术创新能够推动形成新型劳动者、新型劳动资料、新型劳动对象，大力发展数字经济时代更具创新性、融合性和高级化的新质生产力（丁任重和高雨萌，2024）。一方面，绿色技术创新通过赋能效应，推动煤炭产业劳动力向绿色化、数字化、智能化转型。随着绿色技术的应用，传统劳动力需掌握数字化操作、设备管理和环保知识，绿色转型有助于提升劳动力技能，增强适应绿色经济的能力，继而提高劳动生产率（Wang 等，2021）。另一方面，绿色技术创新能够推动煤炭资源型区域基础设施的绿色升级，减少能源消耗和碳排放，提升基础设施的可持续性和资源利用效率，为新质生产力的形成创造有利条件。此外，绿色技术创新促进煤炭资源型区域资源集聚，为新兴产业提供资源保障。随着绿色技术的应用，清洁能源、环保技术等新兴产业迅速壮大，形成以绿色技术为核心的产业链和生态圈，为煤炭资源型区域发展新质生产力提供基础。

由此，本书提出假设 4：数字经济与产业升级深度融合，通过提升绿色技术创新水平促进区域新质生产力发展。

7.2 研究设计

7.2.1 构建指标体系

生产力是人类社会发展的根本动力，是所有社会和政治变革的根本原因（Ferragina 和 Arrigoni，2024）。劳动者作为生产力的核心，具备高素质和专业化特性，是实现新质生产力提升的重要人才基础。在新质生产力形成过程中，提升知识技能、创新能力及生产积极性是关键任务。在新生产关系下，劳动对象即生产目标。通过持续提升品质、创新突破和技术改革，改善产品和服务质量，以满足社会需求。科技创新推动绿色产品的供给，依托绿色产业优化产业结构，形成高效、节能、低碳的新生产关系，这也是高质量发展对新质生产力的内在支持。新质生产力的表现之一是技术的持续创新和产业化应用。通过采用数字技术、数字基础设施等新型劳动资料，并利用不断涌现的高科技、智能化和绿色环保技术，改造和升级现有的劳动资料，提高生产工具的智能化水平，从而大幅推动新质生产力提升。因此，基于新劳动者、新劳动对象、新劳动资料三重维度，构建煤炭资源型区域新质生产力指数（*nqp*）的评价指标体系（陈晔婷等，2024）如表 7－1 所示，在表 7－1 所示的指标评价体系基础上，采用熵权法计算新质生产力指数。

表 7－1　　新质生产力指标评价体系

<table>
<tr><th>系统</th><th>一级指标</th><th>二级指标</th><th>三级指标</th><th>指标衡量方式</th><th>单位</th></tr>
<tr><td rowspan="13">新质生产力</td><td rowspan="5">新劳动者</td><td rowspan="3">培养投入</td><td>科学投入</td><td>用于科学技术的财政支出</td><td>万元</td></tr>
<tr><td>教育投入</td><td>用于教育的财政支出</td><td>万元</td></tr>
<tr><td>研究人员数量</td><td>信息传输、软件业就业人员</td><td>人</td></tr>
<tr><td rowspan="2">劳动产出</td><td>创新研发数量</td><td>专利授权数</td><td>件</td></tr>
<tr><td>高等教育水平</td><td>高等院校数量</td><td>个</td></tr>
<tr><td rowspan="3">新劳动对象</td><td>新质产业</td><td>未来产业</td><td>机器人采用率</td><td>%</td></tr>
<tr><td rowspan="2">生态环境</td><td rowspan="2">污染减排质量</td><td>工业废水排放量</td><td>万吨</td></tr>
<tr><td>工业二氧化硫排放量</td><td>吨</td></tr>
<tr><td rowspan="5">新劳动资料</td><td rowspan="3">有形生产资料</td><td rowspan="2">基础设施</td><td>移动电话用户</td><td>万户</td></tr>
<tr><td>互联网接入宽带用户</td><td>万户</td></tr>
<tr><td>能源消耗水平</td><td>能源强度</td><td>%</td></tr>
<tr><td rowspan="2">无形生产资料</td><td>科技创新水平</td><td>R&D 经费支出</td><td>万元</td></tr>
<tr><td>智能化水平</td><td>人工智能企业数量</td><td>个</td></tr>
</table>

7.2.2 变量选取

（1）被解释变量：煤炭资源型区域新质生产力（*nqp*）。

（2）解释变量：数字经济与煤炭资源型区域产业升级耦合协调度（*cd*）。

（3）机制变量：产业结构合理化（*rat*），采用泰尔指数进行测度（程赛楠和冯珍，2024）；研发投入强度（*rd*），采用研发支出占地区生产总值的比重加以衡量（孙小婷和李敏，2024）；绿色技术创新（*gti*），采用绿色专利申请数进行度量（刘珺，2024）。

（4）控制变量：本书选取政府参与程度（*gov*）、城镇化水平（*urban*）、经济发展水平（*pgdp*）、对外开放程度（*ope*）、信息化水平（*inf*）作为控制变量。相关变量的描述性统计如表7－2所示。

表7－2 描述性统计

变量	最小值	平均值	标准差	中位数	最大值
nqp	0.0137	0.0722	0.0841	0.0442	0.6810
cd	0.156	0.322	0.102	0.301	0.768
rat	-0.031	0.198	0.164	0.138	0.793
rd	0	0.0090	0.0091	0.0070	0.0754
gti	0	80.59	164.20	27.00	1425.00
gov	3.885	23.46	17.39	19.79	146.40
urban	9.38	56.30	17.30	53.95	144.00
pgdp	9.668	10.720	0.450	10.680	12.460
ope	0.0006	0.0640	0.0855	0.0428	1.250
inf	8.394	10.370	1.016	10.220	13.280

7.2.3 模型构建

本书构建如下面板数据模型，进一步探究数字经济与产业升级协同对区域新质生产力的影响。

$$nqp_{it} = \gamma_0 + \gamma_1 cd_{it} + \gamma_2 gov_{it} + \gamma_3 urban_{it} + \gamma_4 pgdp_{it} + \gamma_5 ope_{it} + \gamma_6 inf_{it} + \mu_t + \varphi_i + \varepsilon_{it} \quad (7-1)$$

$$media_{it} = \theta_0 + \theta_1 cd_{it} + \theta_2 gov_{it} + \theta_3 urban_{it} + \theta_4 pgdp_{it} + \theta_5 ope_{it} + \theta_6 inf_{it} + \mu_t + \varphi_i + \varepsilon_{it} \quad (7-2)$$

其中，i 代表地区，t 代表年份，ε_{it} 是随机误差项。*media* 代表机制变量，即产业结构合理化、研发投入强度以及绿色技术创新水平。

7.2.4 数据说明

本书选取 2012—2021 年相关数据，数据主要来源于以下三个数据集：新质生产力的部分原始数据、产业结构合理化、研发投入强度以及控制变量来源于《中国城市统计年鉴》、各地级市统计年鉴及国民经济和社会发展统计公报；煤炭资源型区域的绿色专利申请数来源于国家专利总局。

7.3 实证检验与分析

7.3.1 基准回归分析

基准回归分析前，采用 Hausman 检验对模型选择进行检验，结果显示 P 值为 0.0262，证明固定效应模型优于随机效应模型。此外，双向固定效应模型同时引入个体固定效应与时间固定效应，有效控制随时间不变的个体特征和随个体不变的时间趋势，从而缓解因变量内生性引发的估计偏误问题，提升模型结果的可靠性。

由表 7 – 3 可知，无论是否加入控制变量，数字经济与产业升级协同的回归系数均在 1% 的水平上显著为正，说明数字经济与产业升级协同对煤炭资源型区域新质生产力具有推动作用，假设 1 得到验证。从生产力基本要素角度看，数实融合通过数字化手段对劳动者、劳动资料和劳动对象进行重塑。首先，数字经济与实体经济深度融合显著提升煤炭资源型区域劳动者的知识技能和决策能力，创新工作方式。其次，数字技术更新劳动资料，推动传统煤炭产业智能化和精准化发展，提高煤炭产业对新技术的吸收与应用效率。最后，数据要素成为新型劳动对象，促进煤炭产业技术创新和劳动对象非物质化，降低创新环节的搜寻成本，提升知识整合与技术研发效率。

从生产关系变革角度看，数实融合作为生产关系的创新，有助于消除煤炭资源型区域新质生产力生成的障碍。在宏观层面，数实融合通过强化数字基础设施、优化数字治理和完善创新机制，为新质生产力提供稳定的环境和制度保障。在中观层面，数实融合推动煤炭产业数字化、智能化转型，并依托数字产业化，构建开放协同的数字产业链生态，促进产业数字化与数字产业化的深度融合。在微观层面，数实融合通过数字技术优化煤炭资源型区域资源配置，推动组织架构和管理模式创新，实现资源高效利用与创新能力释放，从而充分激发新质生产力发展的内生动能。

表7-3　　基准回归表

变量	(1) *nqp*	(2) *nqp*
cd	0.9733 *** (16.5016)	1.0602 *** (16.5430)
gov		-0.0001 (-0.8893)
urban		-0.0001 (-0.7050)
pgdp		-0.0547 *** (-4.5222)
ope		-0.0209 (-0.8503)

续表

变量	(1) *nqp*	(2) *nqp*
inf		-0.0011 (-0.2375)
cons	-0.2143*** (-13.0828)	0.3633*** (2.7710)
时间固定效应	Yes	Yes
个体固定效应	Yes	Yes
N	350	350
R^2	0.6826	0.6990

注：括号内为T统计量，* 表示 $p<0.05$，** 表示 $p<0.01$，*** 表示 $p<0.001$。

7.3.2 稳健性检验

7.3.2.1 替换被解释变量

为尽可能保留原始数据的方差信息，使新构建的替代变量能全面反映新质生产力的发展水平，增强模型解释力，本书采用主成分分析法（霍松涛，2024），重新测算2012—2021年煤炭资源型区域35个城市的新质生产力发展水平，并将其作为新的被解释变量进行回归分析。回归结果如表7-4所示，核心解释变量数实融合的系数依然显著为正，与前文检验结果一致。这不仅证实数字经济与产业升级协同发展确实有助于提高区域新质生产力，同时也表明本研究基准回归结果的稳健性。

表7-4　稳健性检验

变量	更换被解释变量 *nqp*	增加控制变量 *nqp*	缩尾处理 *nqp*
cd	1.8094*** (5.8970)	1.0580*** (16.4870)	0.8402*** (14.7879)

续表

变量	更换被解释变量 nqp	增加控制变量 nqp	缩尾处理 nqp
gov	0.0002 (0.2454)	−0.0003 (−1.2387)	−0.0002 (−1.0978)
urban	0.0008 (0.9176)	−0.0001 (−0.6044)	−0.0002 (−1.4094)
pgdp	−0.0073 (−0.1268)	−0.0502*** (−3.9419)	−0.0413*** (−3.9193)
ope	−0.0555 (−0.4713)	−0.0222 (−0.8838)	−0.0193 (−0.4715)
inf	0.0410* (1.7947)	−0.0004 (−0.0922)	−0.0000 (−0.0063)
soc		0.0000 (0.4098)	
lab		−0.0101 (−1.2608)	
cons	0.3044 (0.4849)	0.3469*** (2.6034)	0.2747** (2.3919)
时间固定效应	Yes	Yes	Yes
个体固定效应	Yes	Yes	Yes
N	350	350	350
R^2	0.4320	0.6988	0.6969

注：括号内为T统计量，* 表示 $p<0.05$，** 表示 $p<0.01$，*** 表示 $p<0.001$。

7.3.2.2　增加控制变量

新质生产力的快速形成离不开劳动力（李佳，2024），高素质劳动力具备较强的技术学习和创新能力，能够加速新技术的引进、研发和应用，推动煤炭资源型区域实现智能化、绿色化生产，为新质生产力提供持续动力。此外，随着社会消费水平的提高，消费者对清洁能源和绿色产品的需求增加，促使煤炭资源型区域加快传统产业转型，推动煤炭清洁利用和新能源产业发展，促进新质生产力提升。基于上述分析，本研究增加劳动力水平（*lab*）和社会消费水平（*soc*）为控制变量，进行重新回归。回归结果如表7-4所示，核心解释变量的系数依然显著为正，表明增加控制变量并不能改变数实融合对区域新质生产力的助推效应，再次证实研究结果的稳健性。

7.3.2.3 变量缩尾处理

为避免异常值或极端值的负面影响，导致估计结果发生偏离，本书对主要变量进行缩尾处理（赵君旸和费宇，2024）。具体而言，将连续变量的上（下）极端值分别缩尾至相应的1%分位点，以降低异常值对基准回归结果的影响。变量经过缩尾处理后，重新进行回归分析，回归结果如表7-4所示，数字经济与产业升级协同发展的回归系数仍然显著为正，与基准回归结果保持一致，表明数字经济与产业升级协同发展促进区域新质生产力的结论保持稳健。

7.3.3 门槛效应分析

前文已证实数字经济与产业升级协同发展能够提高区域新质生产力发展，那么，数实融合在助推新质生产力发展的过程中是否存在门槛效应？在不同水平阈值下是否存在差异性？为此，本书将核心解释变量作为门槛变量进行门槛条件检验，其检验结果见表7-5。在采用Bootstrap反复抽样300次后，数实融合显著通过单一门槛和双重门槛检验，未通过三重门槛检验，同时，运用残差平方和最小原则测算得出门槛值分别为0.4737和0.6503。

当数字经济与产业升级协同发展处于不同阶段时，其助推区域新质生产力的形成力度也不同。因此，对门槛效应回归进行参数估计，当数实融合指数低于0.4737时，核心解释变量的回归系数为0.7258，且在1%的统计水平上显著；当数实融合指数在 0.4737—0.6503 时，核心解释变量的回归系数为 0.8569，在 1% 的统计水平上显著；当数实融合指数超过 0.6503 时，核心解释变量的回归系数为 1.0326，在 1% 的统计水平上显著。随着数字经济与产业升级协同程度的不断加强，其对新质生产力的促进效应呈现出逐步增强的趋势。这一结果凸显加快煤炭资源型区域数实融合进程的重要性，尤其是跨越关键门槛后，数实融合对新质生产力的推动效应更为显著。

表 7-5　　门槛效应回归结果

门槛变量	*cd*
单门槛	0.4737
双门槛	0.6503
0._cat#c.cd	0.7258*** (5.3668)
1._cat#c.cd	0.8569*** (6.4796)
2._cat#c.cd	1.0326*** (9.3333)
控制变量	Yes
_cons	0.1591 (0.8761)
N	350
R^2	0.7739

注：括号内为 T 统计量，* 表示 $p<0.05$，** 表示 $p<0.01$，*** 表示 $p<0.001$。

7.4　影响机制分析

7.4.1　产业结构合理化的机制效应

产业结构合理化的机制检验结果见表 7-6，数字经济与产业升级协同显著为正，且在1%的置信区间内显著，说明产业结构合理化可以促进煤炭资源型区域的高质量发展，假设2得到验证。一方面，数字技术与煤炭产业深度融合，推动智能开采、绿色矿山和智慧物流的发展，提升煤炭产业的技术含量和附加值。传统煤炭产业由粗放型向智能化、绿色化方向转型，有助于优化产业结构。数实融合推动煤炭产业延伸至智能装备制造、煤化工和新能源材料等上下游领域，拓展新兴产业，提升产业链附加值，促进产业结构由单一煤炭开采向多元化转型。另一方面，产业结构合理化通过优化生产要素配置，推动资金、技术和劳动力向高附加值产业集聚，提升资源配置效率和全要素生产率，为新质生产力提供基础保障。同时，产业结构优化促使煤炭产业加大科研投入，推动煤炭产业技术的创新与应用，加速科技成果转化，进一步提升新质生产力水平。

7.4.2 研发投入强度的机制效应

研发投入强度的机制检验结果见表7－6，核心解释变量的回归系数显著为正，表明数字经济与产业升级协同通过提升研发投入强度促进煤炭资源型区域的高质量发展，假设3得到验证。数实融合缩短煤炭资源型区域技术研发与产业应用的链条，加速科技成果转化。高效研发回报率能够增强煤炭产业对研发投入的信心和积极性，形成良性创新循环。同时，数实融合促进企业、高校和科研机构的协同创新，创新网络和数字平台的建立整合多元创新资源，降低研发风险，增强煤炭产业持续研发投入的动力。研究表明，研发投入强度对新质生产力的正面影响可以追溯到生产效率的提升。在此背景下，研发投入强度的增加不仅推动煤炭产业技术创新，还加快生产模式的更新迭代。通过更高效的生产管理、智能化设备和流程优化，煤炭产业能够显著提高生产效率和资源利用率，为区域新质生产力的形成提供强大支持。

7.4.3 绿色技术创新的机制效应

绿色技术创新的机制检验结果见表7-6，数字经济与产业升级协同系数在1%的置信区间内显著为正，说明数字经济与产业升级的融合发展能够有效促进绿色技术创新，从而促进煤炭资源型区域的新质生产力发展，假设4得到验证。数实融合助力打造煤炭产业生态链，推进煤炭资源型区域绿色技术创新。数字化工具使煤炭产业能够高效开展技术试验，促进绿色技术的快速优化与成熟，提升区域绿色创新水平。绿色技术创新有助于集聚资源，整合创新链条，加快突破煤炭产业低碳零碳技术“瓶颈”，以颠覆性技术创新推动产业绿色转型升级，促使传统生产力加速向新质生产力跃迁升级。在绿色技术创新的支持下，传统产业能够形成新业态、新模式、新动能，助力区域形成新质生产力。

表7-6　　中介机制回归结果

变量	产业结构合理化	研发投入强度	绿色技术创新
cd	0.5535*** (3.1238)	0.0564*** (4.4433)	669.0199*** (5.6450)
gov	-0.0003 (-0.6477)	0.0001*** (4.2489)	-0.7454* (-1.6807)
urban	-0.0005 (-1.0439)	-0.0001 (-1.5426)	0.2445 (0.4454)
pgdp	-0.1225*** (-3.6653)	0.0004 (0.1574)	26.4635 (0.7489)
ope	-0.0122 (-0.1790)	0.0098** (2.0073)	1.1548 (0.0161)
inf	-0.0027 (-0.2057)	-0.0009 (-0.9038)	34.7780** (2.4943)
cons	1.4025*** (3.8690)	-0.0040 (-0.1547)	-8.7e+02** (-2.2786)
时间固定效应	Yes	Yes	Yes

续表

变量	产业结构合理化	研发投入强度	绿色技术创新
个体固定效应	Yes	Yes	Yes
N	350	350	350
R^2	0.0668	0.3091	0.2330

注：括号内为T统计量，* 表示 $p<0.05$，** 表示 $p<0.01$，*** 表示 $p<0.001$。

7.5 异质性检验

7.5.1 发展阶段

煤炭资源型区域所处发展阶段不同，其技术创新能力、产业升级动力、资源配置效率、环境治理水平和政策支持力度等因素也存在差异。为检验数字经济与产业升级协同对不同发展阶段的区域新质生产力发展水平的影响是否具有异质性，本研究参照国务院颁布《全国资源型城市可持续发展规划（2013—2020年）》，将研究样本划分为成长型、成熟型、衰退型与再生型4个不同阶段进行回归分析。另外，结合煤炭资源丰度的比较分析，将长春市与铁岭市分别归入成长型与再生型行列中。检验结果如表7-7所示，其中，成熟期、衰退期、再生期的回归系数均在1%的置信水平上通过检验，而成长期未通过显著性检验。究其原因，成长期的煤炭产业数字化基础薄弱，数据积累不足，难以有效发挥数实融合效能。相比其他发展阶段，数字化管理体系和创新机制尚未健全，制约新质生产力提升。

表7-7　发展阶段异质性检验结果

变量	成长期	成熟期	衰退期	再生期
cd	0.2181 (1.2939)	1.1921*** (12.9151)	1.1926*** (11.9282)	0.5417*** (3.8592)

续表

变量	成长期	成熟期	衰退期	再生期
gov	0.0003 (0.3936)	-0.0000 (-0.1776)	-0.0004 (-1.5414)	0.0001 (0.3675)
urban	-0.0004 (-1.3680)	-0.0004 (-1.5208)	-0.0001 (-0.3957)	-0.0004 (-0.3512)
pgdp	-0.0807** (-2.3984)	-0.0247 (-1.4280)	-0.0583*** (-3.8576)	0.0467 (1.1639)
ope	-0.3553** (-2.6714)	-0.0981** (-2.1792)	-0.1467* (-1.9565)	0.2724* (1.9557)
inf	0.0072 (1.0003)	-0.0056 (-1.2174)	0.0090 (1.0604)	0.0646** (2.7225)
cons	0.8825** (2.5348)	0.0556 (0.2913)	0.3151* (1.8484)	-1.2863*** (-2.9681)
时间固定效应	Yes	Yes	Yes	Yes
个体固定效应	Yes	Yes	Yes	Yes
N	40	130	130	50
R^2	0.7184	0.8301	0.7153	0.8347

注：括号内为T统计量，* 表示 $p<0.05$，** 表示 $p<0.01$，*** 表示 $p<0.001$。

7.5.2 城市区位

鉴于我国幅员辽阔，不同城市区位的数字经济与产业升级协同程度、新质生产力发展水平各有差异，为探究数实融合对不同城市区位新质生产力的影响是否存在异质性，本研究将我国煤炭资源型区域35个城市按照东部、中部、西部、东北部进行划分并检验（施曼，2024），检验结果如表7-8所示。从回归结果来看：东部、中部、西部和东北部的回归系数均在1%的显著性水平上通过检验，总体呈现出“中部最强，东部最弱”的差异性格局。究其原因，中部地区煤炭资源丰富，产业结构高度依赖煤炭产业，转型升级压力较大。相比之下，东部地区产业结构多元，对煤炭资源依赖较低。因此，中部地区对数实融合推动绿色转型和生产力提升的需求更强，政策与产业对数实融合的响应更积极，促进效果更显著。

表 7-8　　城市区位与城市规模异质性检验结果

变量	东部	中部	西部	东北部	大规模	中等规模
cd	0.5909*** (4.0350)	1.1473*** (18.3838)	0.5928*** (3.2629)	0.9575*** (9.0502)	0.8235*** (13.9390)	0.3784** (2.2731)
gov	-0.0008** (-2.1062)	-0.0004 (-1.5621)	0.0005 (0.5723)	-0.0002 (-1.1181)	-0.0001 (-0.9099)	-0.0001 (-0.1963)
urban	-0.0004 (-0.3168)	0.0005* (1.8008)	-0.0006 (-1.0153)	-0.0002 (-0.7333)	-0.0004** (-2.2162)	0.0004 (1.1161)
pgdp	0.1133*** (3.2529)	-0.0108 (-0.9464)	-0.0938** (-2.0478)	-0.0642*** (-3.2213)	-0.0408*** (-3.7179)	-0.0196 (-1.0376)
ope	0.4008*** (3.3119)	-0.1193*** (-3.4217)	-0.4294 (-0.9822)	-0.0429 (-0.6091)	-0.0061 (-0.1425)	-0.0824 (-0.9400)
inf	-0.0402*** (-3.2656)	0.0022 (0.6524)	-0.0064 (-0.5590)	0.0120 (0.9777)	-0.0009 (-0.2213)	-0.0134 (-0.8211)
cons	-0.9183** (-2.5454)	-0.1773 (-1.3942)	1.0248** (2.1285)	0.3856 (1.6110)	0.2850** (2.4020)	0.2586 (0.8961)
时间固定效应	Yes	Yes	Yes	Yes	Yes	Yes
个体固定效应	Yes	Yes	Yes	Yes	Yes	Yes
N	60	120	50	120	315	35
R^2	0.8756	0.9109	0.4288	0.6254	0.7243	0.3242

注：括号内为 T 统计量，* 表示 $p<0.05$，** 表示 $p<0.01$，*** 表示 $p<0.001$。

7.5.3　城市规模

不同规模城市的数字经济与产业升级协同水平各不相同，所面临的政策约束及市场化条件也有很大差异，进而影响数字经济与产业升级协同对区域新质生产力的作用效果。因此，本书依据中国国务院 2014 年发布的《关于调整城市规模划分标准的通知》，将研究样本分为大城市、中等城市及小城市。由于研究样本不涉及小城市样本，因此研究结果仅表示大城市、中等城市。检验结果如表 7-8 所示，解释变量的影响系数在两组样本中均为正，分别通过 1% 和 5% 的显著性检验，在煤炭资源型区域，数实融合对大规模城市的新质生产力提升效果强于中等规模城市。究其原因，大规模城市拥有更强的煤炭及相关产业集群，促进产业、企业和科研机构之间的高效协同创新，进而加速数字技术的推广和生产力提升。相比之下，中等规模城市产业集群较小，创新协同效应弱，数字经济与产业升级协同的推进难度较大。

7.6 本章小结

本章节围绕数字经济与产业升级协同发展影响区域新质生产力的理论分析展开深入探讨，基于理论机制分析，选取固定效应模型进行实证检验，研究发现：

第一，数字经济与产业升级协同促进区域新质生产力发展，经过更换被解释变量、增加控制变量、缩尾处理三种稳健性检验后，数字经济与产业升级协同促进区域新质生产力的实证结果具有稳健性。

第二，进一步采用面板门槛回归模型检验数字经济与产业升级协同发展对区域新质生产力影响的非线性溢出效应，发现存在数字经济与产业升级协同发展的单一门槛和双重门槛效应。

第三，数字经济与产业升级协同通过促进产业结构合理化、加大研发投入强度、推动绿色技术创新，进而加速煤炭资源型区域发展新质生产力。

第四，数字经济与产业升级协同影响区域新质生产力发展在发展阶段、城市区位、城市规模三个方面均存在异质性，具体表现为在衰退期、中部、大规模的城市作用效果更显著。

第8章

数实融合驱动煤炭资源型区域高质量发展的实现路径

8.1 加快数字基础设施建设

立足数字经济时代，数字基础设施建设已成为煤炭资源型区域高质量发展的关键基石与核心驱动力量，不仅能够深度赋能煤炭产业全链条的智能化转型与升级，极大地提升煤炭生产效率、优化资源配置，更能为区域经济创新发展、生态环境保护以及社会民生福祉改善开辟崭新路径与广阔空间。通过全方位、系统性地加快数字基础设施建设，涵盖网络基础设施优化升级、传统基础设施数字化改造、数字技术突破与数据安全保护多维度协同推进，煤炭资源型区域能够重塑产业优势，进而实现高质量发展。

8.1.1 推动网络基础设施优化升级

（1）大力推进5G基站建设。

5G网络具有低时延、高带宽和大容量特性，能够满足煤矿井下复杂环境中的通信需求，通过5G网络可以实现井下设备的远程操控，减少人员在危险环境中的作业时间。对于煤炭开采中的采掘设备，可以利用5G网络进行实时数据传输，有助于精准操控设备并提高开采效率。同时，扩大西部和东北部煤炭资源型区域的固定宽带用户接入规模，增加千兆光纤覆盖范围，促进煤炭资源型区域移动和固定网络平滑改进升级，在煤炭企业办公区域、矿区生活区实现光纤到户，为企业数字化管理系统和员工生活提供高速稳定的网络服务，有助于煤炭企业通过网络快速传输大量的生产数据，高效用于生产决策。

（2）构建工业互联网平台网络架构。

统筹规划互联网整体架构升级发展，根据煤炭资源型区域特点和需求，合理规划网络拓扑结构，减少信号传输损耗和延迟。依照具体的数据流量和流向差异，及时更新网络连接状态，构建网络交换中心，优化网络整体结构。搭建煤炭行业专用的工业互联网平台，将煤炭生产、加工、运输等环节的设备和系统接入平台。通过构建井下工业网络，实现采掘设备、通风设备、运输设备等之间的互联互通，实时共享数据与协同控制。同时，加强平台与外部网络的安全连接，使煤炭企业能够安全地与供应商、客户以及科研机构等外部主体进行数据交换和业务合作，共享设备运行数据，以便制造商提供更精准的设备维护和升级服务。

（3）优化数据中心布局和建设。

根据煤炭产业的规模和数据存储需求，建设区域性的数据中心，集中存储煤炭企业的生产数据、管理数据和安全监控数据等，通过大数据分析可以更准确地预测煤炭储量和开采难度。基于高性能的服务器和先进的云计算技术，提升数据中心的计算能力，对煤炭质量数据进行复杂的分析，提高煤炭产品质量。

8.1.2 完善传统基础设施数字化改造

（1）能源基础设施数字化改造。

对于煤矿生产设备进行数字化升级，实现设备运行状态的实时监测，精确获取设备关键数据，能够及时预警避免设备故障引发的生产中断。利用物联网技术建立设备管理系统，实现远程控制和自动化操作，提高设备的运行效率和安全性。对于煤炭运输与仓储进行数字化改造，采用智能物流系统，实时掌握煤炭运输的位置、速度和车厢状态。利用车辆管理系统，优化运输路线，减少运输成本和损耗。通过建设数字化煤仓，掌握煤炭的存储量、质量变化情况，提高仓储效率。

（2）交通基础设施数字化改造。

关于矿区道路智能化建设，基于安装智能交通监控系统，实时监测矿区道路上的车辆流量、车速信息，对违规行为进行自动识别和预警。尤其针对东部和中部等中心区域的煤炭资源型区域，部署智能交通信号系统，根据实时交通流量进行动态调整，为桥梁、隧道等结构安装健康监测系统，及时掌握安全状况，利用车联网技术提升交通管理和车辆通行的智能化水平。关于区域交通枢纽数字化提升，建立数字化的旅客信息服务系统，利用大数据分析旅客流量和出行需求，优化枢纽布局和服务设施配置。升级交通枢纽的物流配送设施，建立智能化的物流分拣中心，利用自动化分拣设备和仓储管理系统，提高煤炭相关物资和其他货物的中转效率。

（3）公共基础设施数字化改造。

对于数字化城市管理系统建设，建立数字化城市管理平台，整合市政设施管理、环境卫生管理、城市规划等多个部门的数据。通过卫星遥感、无人机巡查、智能传感器等多种手段，对城市的土地利用、建筑设施、公共空间等进行实时监测，对污水处理、垃圾处理等设施进行数字化管理，优化处理流程和资源利用。对于公共服务设施数字化改造，对医院、学校等公共服务设施进行数字化系统升级，使煤炭工人等患者能够通过网络获得专家的远程诊断。开展智慧教育，利用数字化教学资源，为煤炭资源型区域的学生提供更加优质的教育服务。

8.1.3　加速数字技术突破和数据安全保护

（1）确立数字技术突破目标。

深入调研煤炭产业的全流程，包括煤炭开采、洗选加工、运输、销售以及煤炭衍生产品开发等环节，结合国内外数字技术在能源领域的应用趋势，制定煤炭产业关键先进技术创新蓝图。明确在煤炭生产监测与调度、煤炭资源勘探与优化开采方案设计、煤炭交易数据真实性与供应链可追溯性方面的具体技术研发目标与路线图。设立政府专项财政资金，用于支持科研机构开展基础研究、关键技术攻关以及搭建创新实验平台。建立政府投资与社会资本对接机制，通过政策优惠、风险共担方式吸引社会资本进入，给予适当的税收减免、土地使用优惠政策，鼓励更多社会资本积极参与，形成多元化的投资格局。

（2）培育科技创新主体。

鼓励煤炭行业龙头企业加大数字技术研发投入，尤其针对成熟期或再生期发展阶段的煤炭资源型区域，建立企业内部数字技术研发中心或研究院，并将研究成果在行业内推广应用。扶持专精特新“小巨人”企业，专注于煤炭产业数字技术的某一细分领域，通过资金支持帮助其扩大生产规模、提升技术水平，通过技术指导协助其解决研发过程中的难题。搭建线上线下一体化的煤炭数字技术成果交易平台，加速创新成果在行业“内循环”流通，提升创新投入产出效益，打造一批数字技术创新应用示范煤矿、示范园区，集成展示智能开采、智慧管理等最新成果，发挥示范基地辐射带动。

（3）构建数据安全保护体系。

从国家能源安全战略高度出发，将煤炭产业数据安全纳入国家能源数据安全体系，制定煤炭产业数据安全标准与规范，与国家能源数据安全政策相衔接。加强煤炭产业数据跨境传输管理，严格审核数据出境的合法性与安全性，防止煤炭产业关键数据泄露给国家能源安全带来威胁。对于涉及煤炭资源储量、开采技术等敏感数据的跨境传输，必须经过严格的审批程序，并采用加密传输等安全措施。从设施安全、网络安全和数据安全着手加强大型数据平台、计算中心的风险预测防范能力，巩固各枢纽节点间的协调联动机制，保障国家能源数据安全。

8.2 提高多维协调发展水平

8.2.1 多元化发展优化产业结构

（1）发展高端装备制造业。

依托煤炭产业积累的机械制造、工程技术等基础，培育和发展高端装备制造业。针对衰退期的煤炭资源型区域，重点研发和生产煤矿智能化开采装备、煤炭清洁利用设备、新能源发电设备，形成从设计、制造到安装、调试、售后服务的完整产业链。引进和培育新能源汽车制造产业，结合区域的电力资源优势和产业转型需求，吸引新能源汽车整车制造企业或零部件生产企业入驻。建设新能源汽车研发中心和生产基地，形成新能源汽车产业链，推动区域制造业向高端化、智能化、绿色化方向发展。不仅可以满足区域煤炭产业升级和新能源发展的装备需求，还可以将产品推向全国乃至国际市场，提高区域产业的高端化水平和经济外向度。

（2）壮大现代服务业。

加快发展与煤炭产业相关的现代物流、金融服务、科技研发、信息咨询等生产性服务业。在现代物流方面，建设煤炭物流园区，整合煤炭运输、仓储、配送等环节，运用物联网、大数据等技术实现物流信息的实时跟踪和智能调度，提高煤炭物流效率，降低物流成本。在金融服务领域，鼓励金融机构创新金融产品和服务，为煤炭企业的技术改造、项目建设、兼并重组等提供多元化的融资支持，开展煤炭资源证券化、供应链金融等业务，增强煤炭产业的资金保障能力，促进区域经济的资金融通和资源配置优化。利用煤炭工业遗址等文化资源，发展文化创意产业和工业旅游，打造特色旅游线路和景点，促进文化旅游产业发展，带动餐饮、住宿等相关服务业繁荣发展。

（3）加强与国内外能源产区合作。

加强煤炭资源型区域与其他地区的经济合作，开展产业转移对接活动，将本地部分传统产业向资源和劳动力成本较低的地区转移，同时积极承接其他地区的先进产业转移项目，实现产业结构优化升级。积极与国内外其他煤炭资源型地区以及能源富集地区开展合作交流。加强煤炭贸易、煤炭深加工产品贸易以及能源产业投资合作，拓展市场空间，促进区域能源产业的国际化发展。建立长期的煤炭贸易合作关系，同时引进其先进的煤炭清洁利用技术和项目管理经验，与国内其他新能源产业发达地区合作，共同投资建设新能源项目，实现资源共享和优势互补。

8.2.2 提升劳动生产效能

（1）优化组织架构与人员管理。

构建扁平化的组织架构，减少管理层级，使信息传递更加快捷、高效。煤炭企业可以减少中间的科室设置，促进生产一线直接与高层管理者沟通生产中的问题和建议，加快决策速度，提高生产效率。根据业务流程和产品类型进行组织架构重组。对于煤炭深加工业务，可以设立独立的事业部，集中调配资源，从原料供应、生产加工到产品销售进行一体化管理，避免部门之间的扯皮和协调成本过高的问题。

（2）优化生产流程与运营管理。

对煤炭开采、洗选、运输等核心生产流程进行全面梳理。在煤炭开采流程中，通过引入先进技术，优化开采顺序，减少无效的掘进和开采动作，提高开采效率。利用信息技术对生产流程进行自动化和智能化改造，采用自动化的洗选设备和控制系统，提高精煤的产出率和质量。建立高效的供应链管理体系，加强与供应商的合作，建立长期稳定的合作关系，确保设备的及时供应和优质的售后服务，减少设备故障对生产的影响。

（3）实施质量控制与持续改进。

制定严格的煤炭产品质量标准，按照市场不同用户的需求，将煤炭分为不同等级，并制定相应的质量标准，确保产品质量的稳定性。建立全方位的质量监控体系，从煤炭开采源头到最终产品销售，进行全程质量检测。建立企业内部的持续改进文化，鼓励员工提出改进建议，对于有效提高劳动生产率、降低成本或提升产品质量的建议给予奖励。定期对生产经营活动进行复盘和评估，找出影响劳动生产力效率的关键因素，制定改进措施并跟踪实施效果，不断优化生产和管理流程，实现劳动生产率的持续提升。

8.2.3 提高能源利用管理能力

（1）强化多部门协同监管。

基于数据共享平台，煤炭企业将生产数据、节能减排数据等实时上传至平台，环保部门可随时获取并分析数据，进行远程监控。同时，环保部门与能源管理、安全生产等相关部门建立联合执法机制，定期开展联合检查行动，对煤炭企业的生产运营全过程进行综合监管。重点检查煤炭企业的清洁生产工艺执行情况、碳减排措施落实情况以及数据上报的真实性。基于煤炭企业内部数据管理中心，负责整合企业内部各业务系统的数据资源，进行清洗、分析与挖掘，为企业的决策提供数据支持，分析煤炭生产过程中的能源消耗数据与碳排放量数据，找出降低能耗与减排的关键环节，优化生产工艺。

（2）优化资源配置实现清洁生产。

基于对清洁生产技术的研发投入，提高煤炭产品的纯度与质量，减少杂质含量，从而降低燃烧过程中的污染物排放，着力解决煤炭清洁高效生产细化问题。制定详细的清洁生产检测指标体系，定期对企业自身的清洁生产情况进行检测与考核，并将考核结果与员工绩效挂钩，激励员工积极参与清洁生产工作。制定能源强度和碳排放强度双控分类体系，根据煤炭企业的规模、生产工艺、资源禀赋等因素进行分类，针对不同区域制定差异化实现路径，资源富集但生态环境脆弱的区域，应重点发展煤炭清洁开采与生态修复相结合的模式；在经济发达且对能源需求大的区域，侧重于煤炭高效利用与碳排放深度减排的路径探索。

（3）推进碳减排严控与综合治理。

煤炭企业应根据国家和地方的碳减排要求，制定详细的碳减排计划，分解到年度、季度甚至月度目标。开展重要环保设施综合评价时，建立专业的评价团队或委托第三方机构，对煤炭企业的污水处理设施、废气净化设施、煤矸石处理设施等进行全面评估。对于环保设施运行监控系统，实时监测设施的运行参数，确保其稳定运行。加强区域综合治理，建立长期的生态环境监测站点，定期采集土壤样本、水样和监测植被生长状况，提高生态环境质量。依据监测数据，制定针对性的生态修复与保护措施。此外，严格按照国家煤炭资源开采、加工、利用等相关标准进行生产运营，确保煤炭资源在整个生命周期内都符合国家认定标准并控制在排污许可范围内，实现煤炭资源区域全方位综合治理与高质量发展。

8.3 提升数实融合发展的主体能力

党的二十大报告指出，加快发展数字经济，促进数字经济和实体经济深度融合。可见，数实融合主体能力的提升对于煤炭资源型区域的高质量发展起着决定性作用，政府、煤炭企业以及产学研体系作为关键主体，其能力的协同提升不仅是适应时代变革的必然要求，更是重塑煤炭产业竞争优势、激发区域经济创新活力、实现可持续发展的核心动力源泉。唯有强化政府顶层设计的引领保障，提升煤炭企业自身的创新驱动能力，充分释放产学研融合的培养效能，才能构建起全方位、多层次、高效能的数实融合发展生态体系，为煤炭资源型区域在数字经济发展中拓展新业态、新模式奠定坚实而稳固的基础。

8.3.1 强化政府顶层设计的保障能力

（1）制定煤炭资源型区域"数字+产业"融合发展战略规划。

深入开展煤炭资源型区域的全面调研，涵盖煤炭储量、开采现状、企业经营状况、生态环境承载能力、社会经济结构等多方面因素。基于此，制定符合区域特色和长远发展需求的煤炭产业与数字经济融合战略规划，明确预设数字产业化、产业数字化的关键指标。确定煤炭产业在区域经济结构中的新定位，从传统的资源输出型向绿色智能能源产业与相关多元产业协同发展转变。规划构建以煤炭清洁高效利用为核心，带动煤炭衍生产品加工、新能源互补、数字技术服务等上下游产业联动发展的新型产业体系，促进区域经济结构的优化升级，降低对单一煤炭产业的过度依赖，增强区域经济的抗风险能力。

（2）完善煤炭资源型区域“数字+产业”融合发展政策体系。

在财政政策方面，设立煤炭产业数字化转型专项资金，用于支持煤炭企业的数字化改造项目。对企业购置先进数字设备、研发数字化技术、建设智能矿山等给予资金补贴或贷款贴息。在税收政策方面，对从事煤炭数字化相关技术研发、软件开发、系统集成等企业给予税收优惠，鼓励煤炭企业采用数字化技术实现节能减排与资源综合利用，针对实施成效给予增值税减免优惠，激励企业积极应用数字技术推动绿色发展。在产业扶持政策方面，制定煤炭产业数字化升级的产业准入标准和目录，对符合数字化转型方向的企业给予优先土地供应、能源保障支持。鼓励传统煤炭企业通过兼并重组、技术改造等方式向数字化、智能化企业转型，对成功转型的企业在项目审批、市场准入方面给予简化流程和绿色通道待遇，加速煤炭产业的数字化整合与升级进程。

（3）建设与推广煤炭资源型区域“数字+产业”融合发展标准体系。

组织行业专家、企业代表和科研机构共同制定煤炭产业数实融合的技术标准、数据标准和安全标准，保障煤炭产业数字化转型过程中的数据安全和系统稳定，为煤炭企业的智能矿山建设提供统一的技术指导。推动标准体系的宣传推广和应用实施。通过举办标准培训班、技术研讨会、行业展会等活动，向煤炭企业和相关机构宣传标准内容和重要性，提高企业对标准的认知度和执行意愿。建立标准实施监督机制，对企业执行标准情况进行定期检查和评估，对不符合标准的企业责令限期整改，促进煤炭产业数实融合标准体系的有效落地，提升行业整体规范化水平和竞争力。

8.3.2 提升煤炭企业主体的创新能力

（1）加大创新资金投入与资源整合。

煤炭企业应将创新资金纳入年度预算，确保每年有足够的资金用于数字技术研发、设备升级和人才引进。资金来源除企业自身利润留存外，还可通过申请政府研发补贴、与金融机构合作开展科技金融项目等方式拓宽融资渠道。积极参与政府设立的煤炭产业创新基金项目，争取获得股权融资或项目资助，支持企业开展具有前瞻性的数字技术创新研究。整合企业内部资源，建立创新资源共享机制，将各部门的技术、数据、设备资源进行整合，打破部门壁垒，实现资源在企业内部的高效流通和共享，加速技术创新成果的转化和应用，提高企业整体创新效率。

（2）制订完善的员工培训计划。

针对不同岗位和层级的员工开展有针对性的数字技术培训。对于一线操作人员，重点培训智能设备的操作技能、数据采集与简单分析方法，确保员工能够熟练运用数字化工具提高工作效率和安全生产水平。对于技术人员和管理人员，加强数字化管理理念、大数据分析、人工智能算法等方面的培训，培养其具备数字化项目管理和技术创新能力。企业可以与高校、专业培训机构合作，定制化培训课程，定期选派员工参加培训，并建立培训考核机制，激励员工积极参与培训学习。建立内部人才轮岗机制，让员工在不同部门和岗位之间进行轮换，拓宽员工的知识面和视野，培养复合型人才，打造融合技术与管理的创新型人才队伍。

（3）建立以创新为导向的绩效考核体系。

将创新成果纳入员工和部门的绩效考核指标，对于在数字技术创新方面取得突出成绩的员工和部门给予重奖，评选在数字技术应用、技术研发等方面表现卓越的员工和团队，给予高额奖金和公开表彰。对于创新成果转化为实际经济效益的项目团队，按照项目收益的一定比例给予奖励提成，激励员工积极投入创新工作，提高创新成果的转化率。推行项目制管理模式，对于重大数字技术创新项目成立专门的项目团队，给予项目团队充分的自主权和资源调配权。采用灵活的管理方式，打破传统部门界限，成员来自不同部门和专业领域，根据项目需求进行动态调整，从而提高项目执行效率和创新效果。

8.3.3 发挥产学研融合的培养能力

（1）加强产学研人才联合培养。

联合高校、科研机构与煤炭企业共同制订人才培养方案，根据煤炭资源型区域的产业发展需求，设置相关专业课程和实践环节，涵盖计算机编程、数字化矿山建设、煤炭清洁利用技术、环境工程等多学科知识，为企业培养既懂煤炭专业知识又掌握数字技术的复合型人才。建立研究生联合培养基地和实习实训基地，完善产教深度融合机制，研究生在基地参与企业的实际项目研究，在实践中提高科研能力和解决实际问题的能力，本科生通过实习实训，熟悉煤炭企业的生产流程和工作环境，增强对煤炭行业的认同感和职业素养，优化人力资本结构。面向煤炭企业的在职员工，高校和科研机构开展短期培训和进修课程，帮助员工更新知识结构，提升员工在数字化操作、绿色生产工艺方面的技能水平。

（2）推动产学研项目合作与创新。

高校、科研机构与煤炭企业共同组建科研实验室、工程技术研究中心，整合各方资源，开展前沿性、共性关键技术研究。围绕煤炭资源型区域的高质量发展需求，共同申报和承担国家、省部级科研项目，以及企业委托的横向科研项目。通过项目合作，充分发挥高校和科研机构的科研优势，以及企业的实践经验和市场需求导向作用。同时，建立健全科技成果转化机制，加强高校、科研机构与煤炭企业之间的沟通与协作，促进各方之间的信息交流和资源共享，提高产学研合作的效率和精准度。推动科研成果在煤炭企业中的转化和应用，将科研成果转化为实际生产力，为煤炭资源型区域的产业升级和经济发展提供技术支持。

（3）建立产学研合作协调机制。

政府加强对产学研融合工作的统筹规划和协调指导，定期召开产学研合作协调会议，研究解决产学研合作过程中存在的问题和困难，推动产学研合作的顺利开展。同时，完善知识产权保护制度，加强对产学研合作过程中产生的知识产权的保护，明确各方在知识产权归属、使用、转让等方面的权利和义务，保障各方的合法权益，鼓励科研人员积极开展创新活动，促进科技成果的转化和应用。

8.4 推进传统产业加速形成新质生产力

煤炭资源型区域以煤炭产业为核心，着力围绕煤炭产业链绿色化和低碳化，发挥数字经济对煤炭企业的乘数效应，优化绿色智能开采工艺，建立全周期、全链条、全过程和全要素相互协同的绿色发展体系，提高作业效率，降低生产成本。在“双碳”目标引领下，煤炭产业以科技创新为驱动力，加快发展新质生产力，推进煤炭产业绿色低碳发展，构建低能耗、高质量、绿色化的转型路径，从而促进煤炭安全绿色智能化发展，顺应新时代煤炭资源型城市转型发展趋势，筑牢东北地区能源安全定位，实现煤炭产业高质量发展。

8.4.1 主动对标煤炭产业创新需求

（1）全面、精准洞察煤炭产业创新需求。

构建多层次调研体系，政府牵头成立专门的煤炭产业创新调研小组，联合高校、专业科研机构以及行业协会等，深入煤炭资源型区域内的各类煤炭企业，包括大型国有煤矿、中小民营煤矿以及煤炭洗选加工企业等，采用问卷调查、实地访谈、现场观察等多种方式，全面收集企业在生产运营各个环节面临的问题与挑战。建立常态化的企业反馈机制，鼓励煤炭企业主动向调研小组或相关部门汇报其在技术创新、管理创新方面的需求动态。深度挖掘与分析创新需求数据，运用大数据分析技术对收集到的海量创新需求数据进行整理、分类和挖掘，找出不同类型企业、不同生产阶段的共性创新需求，以及具有特殊行业或地域特征的个性需求。结合煤炭产业发展趋势与政策导向，对分析结果进行前瞻性研判。关注国内外煤炭行业的技术发展动态、市场需求变化以及环保政策要求等因素，预测未来一段时间内煤炭产业可能面临的新挑战和新机遇，从而提前布局相关创新研究与技术储备。

（2）高效、精准对接创新资源与技术供给。

建立全方位创新资源对接平台，政府主导建立煤炭产业创新资源对接中心，整合国内外高校、科研院所、科技企业等各类创新资源信息，同时建立创新需求发布与匹配系统，方便煤炭企业快速查找与自身需求相匹配的创新资源。定期举办大型煤炭产业创新资源对接活动，通过开展创新成果博览会、技术交流会、项目洽谈会，让煤炭企业能够直观了解最新的创新技术成果，与创新主体进行面对面深入交流。根据煤炭企业的不同规模、技术基础和创新需求特点，为其量身订制创新合作方案。对于大型煤炭企业，鼓励其与国内外顶尖科研机构或科技企业建立长期战略合作伙伴关系，联合开展前沿技术研发和重大科技项目攻关。对于中小煤炭企业，引导其采用技术引进、委托开发或参与行业共性技术研发联盟等方式，以较低成本获取适用的创新技术。

（3）全力推动创新成果转化与应用推广。

建立创新成果转化服务体系，设立煤炭产业创新成果转化专项资金，用于支持创新成果的中试放大、产业化示范以及市场推广。专项资金可以采用贷款贴息、项目补贴、风险投资等多种形式，降低创新成果转化的资金门槛和风险。培育专业的创新成果转化服务机构，基于技术转移中心、知识产权运营公司机构，为煤炭企业和创新主体提供创新成果评估、技术交易、知识产权保护、市场推广策划一站式服务。强化创新成果应用示范与推广机制，选择煤炭资源型区域内具有代表性的企业或矿区作为创新成果应用示范基地，优先推广应用先进的创新技术和管理模式。通过示范基地的成功案例，向其他煤炭企业展示创新成果的实际应用效果和经济效益，激发其应用创新成果的积极性。

8.4.2 加强煤炭产业数字化与绿色化协同创新

（1）构建数字化与绿色化协同创新体系。

建立跨学科协同创新平台，整合高校、科研机构、企业等多方面资源，组建煤炭产业数字化与绿色化协同创新研究院或研究中心，承担关键技术研发、共性技术攻关以及标准制定等任务，研究开发适用于煤炭开采过程中的数字化绿色开采工艺，减少对生态环境的破坏，同时提高煤炭资源回收率。制定煤炭产业数字化与绿色化协同评价指标体系，明确衡量企业在协同发展水平上的量化标准。完善协同创新激励机制，设立协同创新项目基金，通过公开招标、定向委托等方式，支持具有前瞻性和实用性的协同创新项目，吸引各方力量参与，共同探索构建集数字化管理、绿色开采与生态修复于一体的新型矿山模式。

（2）加强数字技术与绿色技术融合创新应用。

聚焦煤炭生产全流程，开展数字化与绿色化融合技术研发。在煤炭开采和加工利用环节，优化绿色路径，减少资源浪费和对周边环境的扰动，实现采空区的有效治理与生态恢复。探索区块链技术在煤炭绿色供应链中的应用，实现煤炭从开采源头到终端消费的全过程信息追溯，保障煤炭产品的绿色环保属性。开发基于物联网和大数据分析，推动技术集成与示范应用，打造数字化绿色矿山示范工程，实现煤矿生产运营的数字化管控与绿色可持续发展。对示范基地进行跟踪评估与经验总结，形成可复制、可推广的技术应用模式与方案，向其他煤炭企业推广示范基地的成功经验，带动整个区域煤炭产业数字化与绿色化协同水平的提升。

（3）打造数字化与绿色化产业生态。

培育和发展煤炭产业数字化与绿色化相关的上下游产业集群，在煤炭资源型区域内扶持一批从事煤炭数字化技术研发与服务的科技企业，推动煤炭企业与环保产业企业深度合作，形成煤矸石综合利用、矿井水治理等绿色产业联盟。建立产业协同创新网络，促进煤炭企业、科研机构、技术服务企业等之间的信息共享、资源互补与合作交流，共同推动煤炭产业数字化与绿色化协同创新发展。强化政策支持与引导，政府制定煤炭产业数字化与绿色化协同发展规划，明确发展目标、重点任务与实施路径，并将其纳入区域经济社会发展总体规划之中。

8.4.3　挖掘煤炭与新能源多能互补潜力

（1）推动能源结构绿色转型。

制定新能源发展专项规划，明确风、光、水、氢等新能源在区域能源结构中的增长目标与发展路线图，加大对新能源项目的投资力度，通过政府引导资金、吸引社会资本等多渠道筹集资金，支持新能源基础设施建设。建立区域能源监测与调度中心，实时监测传统能源与新能源的生产、传输、消费情况，并根据不同新能源的发电特性，合理安排传统煤电的补充发电，确保能源供应的稳定性和可靠性。同时，建立能源储能设施布局规划，根据区域能源供需特点和新能源分布情况，确定新能源设施建设地点和规模，提高新能源的消纳能力和能源系统的灵活性。

（2）完善煤炭与新能源配套补偿机制。

增加煤炭期货交易、中远期合约交易等多种交易方式，为煤炭企业提供更多的风险管理工具和市场定价机制。在探索电网电力容量交易试点方面，建立电力容量交易平台，允许发电企业、用电企业以及售电公司等市场主体参与交易。补充新能源参与发电的市场交易规则，制定新能源发电的市场竞价规则，保障新能源发电企业的合法权益，促进新能源发电的市场化发展。建立可再生能源与煤炭配套发电补偿机制，对采用煤炭与可再生能源混合发电的企业给予一定的经济补偿，鼓励企业提高可再生能源的利用比例，实现传统能源与新能源的协同互补与提质增效。

（3）拓展与升级煤化工产业链。

加大对煤化工产业技术研发的支持力度，促进煤制氢、煤制天然气、煤制烯烃产品质量，提高煤化工产业的技术水平和产品竞争力，打造以煤制氢、煤制天然气、煤制烯烃为主的现代化工业产业格局，注重产品质量控制和品牌建设，提高煤化工产品在国内外市场的知名度和市场占有率。构建煤化工产业园区协同发展机制，以黑龙江省为例，加强鹤岗、鸡西、七台河、双鸭山等煤化工产业发展集聚区之间的产业协作与资源共享，大力发展煤炭、石墨、绿色食品和生物医药四大主导产业，发展新能源电池产业、光电产业和电子信息制造业，提升产业潜能，形成产业链上下游的紧密衔接，提高资源利用效率和产业附加值。同时，以煤为基础衍生出高附加值精细化工产品，加强与医药、纺织、航空等下游应用领域的产业对接与合作，加快煤炭煤化工产业集群建设，推动国家级煤化工示范区建设，注重产业集群内的企业分工与协作，形成完整的循环产业链。

参考文献

[1] 中共中央 国务院印发《数字中国建设整体布局规划》[J]. 国家图书馆学刊，2023，32 (02)：69.

[2] 中矿（北京）煤炭产业景气指数研究课题组，郭建利 . 2023—2024年中国煤炭产业经济形势研究报告 [J]. 中国煤炭，2024，50 (03)：12 - 20.

[3] 边志强，钟顺昌 . 资源型城市经济增长目标对碳排放效率的影响 [J]. 中国环境科学，2023，43 (08)：4395 - 4408.

[4] 孙秀梅，闫肃 . TOE框架下资源型城市低碳转型驱动路径——基于我国108个资源型城市的fsQCA研究 [J]. 科技进步与对策，2023，40 (23)：72 - 81.

[5] Feng Y，Gao Y，Xia X，et al. Identifying the path choice of digital economy to crack the "resource curse" in China from the perspective of configuration [J]. Resources Policy，2024，91104912.

[6] Gao F，He Z. Digital economy，land resource misallocation and urban carbon emissions in Chinese resource - based cities [J]. Resources Policy，2024，91104914.

[7] 洪银兴，任保平 . 数字经济与实体经济深度融合的内涵和途径 [J]. 中国工业经济，2023 (02)：5 - 16.

[8] 王玉珍，宋国靖，窦晓艺 . 数字经济与实体经济融合水平测度及障碍因素分析 [J]. 调研世界，2024 (07)：40 - 52.

[9] 冯露，崔嘉豪，杨阔 . 传统能源企业治理结构、技术创新对企业

绩效的影响 [J]. 煤炭经济研究, 2023, 43 (08): 83 - 89.

[10] 冯露, 杨阔, 崔嘉豪. 数字化转型对传统能源企业投资效率的影响研究 [J]. 煤炭经济研究, 2023, 43 (10): 80 - 86.

[11] Zhang H, Wen J, Chen X, et al. Intelligent system construction paths for digitalization process of real economy: a study from the perspective of artificial intelligence and platform leverage [J]. Scientific Programming, 2022, 2022 (01): 1027211.

[12] Yuan S, Musibau H O, Gen S Y, et al. Digitalization of economy is the key factor behind fourth industrial revolution: How G7 countries are overcoming with the financing issues? [J]. Technological Forecasting and Social Change, 2021 (165): 120533.

[13] 肖土盛, 吴雨珊, 亓文韬. 数字化的翅膀能否助力企业高质量发展——来自企业创新的经验证据 [J]. 经济管理, 2022, 44 (05): 41 - 62.

[14] 罗茜, 王军, 朱杰. 数字经济发展对实体经济的影响研究 [J]. 当代经济管理, 2022, 44 (07): 72 - 80.

[15] Xie W, Zheng D, Wang W. Digital technology and manufacturing industrial change: evidence from the Chinese manufacturing industry [J]. Computers & Industrial Engineering, 2024, 187 (1): 109825. 1 - 109825. 19.

[16] 姜松, 孙玉鑫. 数字经济对实体经济影响效应的实证研究 [J]. 科研管理, 2020, 41 (05): 32 - 39.

[17] 史丹, 孙光林. 数字经济和实体经济融合对绿色创新的影响 [J]. 改革, 2023 (02): 1 - 13.

[18] Tian Z, Tian L. Ways of the integration of the digital economy with the real economy: Evidence from china [J]. Journal of Statistics and Economics, 2024, 1 (02): 49 - 57.

[19] 郭晗, 全勤慧. 数字经济与实体经济融合发展: 测度评价与实现路径 [J]. 经济纵横, 2022 (11): 72 - 82.

［20］张帅，吴珍玮，陆朝阳，等．中国省域数字经济与实体经济融合的演变特征及驱动因素［J］．经济地理，2022，42（07）：22－32.

［21］胡西娟，师博，杨建飞．中国数字经济与实体经济融合发展的驱动因素与区域分异［J］．学习与实践，2022（12）：1－101.

［22］杜传忠，张榕．健全促进数实深度融合的体制机制研究［J］．财经问题研究，2024（12）：16－27.

［23］周密，王雷，郭佳宏．新质生产力背景下数实融合的测算与时空比较：基于专利共分类方法的研究［J］．数量经济技术经济研究，2024，41（07）：5－27.

［24］丁述磊，刘翠花，李建奇．数实融合的理论机制、模式选择与推进方略［J］．改革，2024（01）：51－68.

［25］陆岷峰．新格局下强化数字技术与实体经济融合发展路径研究［J］．青海社会科学，2022（01）：82－91.

［26］杨秀云，从振楠．数字经济与实体经济融合赋能产业高质量发展：理论逻辑、现实困境与实践进路［J］，中州学刊，2023（05）：42－49.

［27］Cong L，Xie D，Zhang L. Knowledge accumulation ，privacy，and growth in a data economy［J］．Management Science，2021，67（10）：6480－6492.

［28］田杰棠，张春花．数字经济与实体经济融合的内涵、机理与推进策略［J］．技术经济，2023，42（01）：25－33.

［29］王定祥，吴炜华，李伶俐．数字经济和实体经济融合发展的模式及机制分析［J］．改革，2023（07）：90－104.

［30］Huang H. Research on the integration and development of digital economy and real economy［J］．Transactions on Economics，Business and Management Research，2023（03）：223－228.

［31］冯露．资源型城市生态效率时空演变及影响因素研究——以黑龙江省为例［J］．生态经济，2024，40（04）：87－93＋121.

[32] 许磊，刘永团，刘硕，等．新质生产力、资源配置效率对资源型城市产业结构升级的影响 [J/OL]. 中国矿业，1-11 [2025-01-08].

[33] 刘帅，杜文宇．新质生产力助推能源结构低碳转型研究 [J]. 中国矿业大学学报（社会科学版），2024，26 (05)：47-66.

[34] 李子成，王珏，王恒．新质生产力与产业结构升级：基于政府与市场双视角的研究 [J/OL]. 西安财经大学学报：1-14.

[35] 徐政，张姣玉．新质生产力促进制造业转型升级：价值旨向、逻辑机理与重要举措 [J]. 湖南师范大学社会科学学报，2024，53 (02)：104-113.

[36] 朱丽，曹梦莹，刘瑞杰．"双碳"目标下煤炭资源型城市能源转型评价与障碍因子 [J/OL]. 环境科学，1-14.

[37] Yin S，Dong T，Li B，et al. Developing a Conceptual Partner Selection Framework：Digital Green Innovation Management of Prefabricated Construction Enterprises for Sustainable Urban Development [J]. Buildings，2022，12 (06)：721.

[38] 孙晓，郑辉．资源型地区经济转型模式：国际比较及借鉴 [J]. 经济学家，2019 (11)：104-112.

[39] 王家明，王湘云，王舒雯，等．颠覆性能源技术赋能新质生产力的逻辑机理与作用路径 [J]. 中国矿业，2024，33 (10)：82-88.

[40] 刘峰，郭林峰，张建明，等．煤炭工业数字智能绿色三化协同模式与新质生产力建设路径 [J]. 煤炭学报，2024，49 (01)：1-15.

[41] 潘月军．新形势下我国煤炭资源高效清洁利用途径分析 [J]. 洁净煤技术，2023，29 (S2)：807-809.

[42] Long R，Li H，Wu M，et al. Dynamic evaluation of the green development level of China's coal-resource-based cities using the TOPSIS method [J]. Resources Policy，2021 (74)：102415.

[43] Hou Y L，Long R Y，Z L L，et al. Dynamic analysis of the sustainable development capability of coal cities [J]. Resources Policy，2020 (66)

101607 - 101607.

[44] Zeng L, Guo J, Wang B, et al. Analyzing sustainability of Chinese coal cities using a decision tree modeling approach [J]. Resources Policy, 2019 (64): 101501.

[45] 郭艺，曾刚，魏文栋，等．区域一体化对资源型城市产业结构升级的影响［J］．经济地理，2023，43（3）：131 - 139.

[46] 康红普，王国法，王双明，等．煤炭行业高质量发展研究［J］．中国工程科学，2021，23（05）：130 - 138.

[47] Zhang L, Wang J, Zhi Y, et al. How can China's coal cities achieve high - quality development? —An empirical study based on the "resource curse" hypothesis [J]. Science of the Anthropocene, 2023, 11 (01): 00067.

[48] 刘耀彬，郭燕，肖小东，等．韧性视角下资源型城市经济转型能力类型划分与转换规律——以 30 个煤炭城市为例［J］．干旱区资源与环境，2023，37（11）：48 - 56.

[49] 肖小东，刘耀彬，李汝资．中国资源型城市经济高质量发展水平识别与转换规律——以 30 个煤炭城市为例［J］．自然资源学报，2023，38（03）：563 - 575.

[50] Ma D, Zhu Q. Innovation in emerging economies: Research on the digital economy driving high - quality green development [J]. Journal of Business Research, 2022 (145): 801 - 813.

[51] 郭峰，熊云军，石庆玲，等．数字经济与行政边界地区经济发展再考察：来自卫星灯光数据的证据［J］．管理世界，2023，39（04）：16 - 34.

[52] 鲁钊阳，邓琳钰，黄箫竹，等．数字经济促进区域高质量发展的实证研究［J］．中国软科学，2023（12）：175 - 184.

[53] 任保平．数字经济引领高质量发展的逻辑、机制与路径［J］．西安财经大学学报，2020，33（02）：5 - 9.

[54] 宁朝山. 基于质量、效率、动力三维视角的数字经济对经济高质量发展多维影响研究 [J]. 贵州社会科学，2020 (04): 129-135.

[55] 范德成，肖文雪. 数字经济何以成为区域创新发展新动能——基于要素融合的实证分析 [J/OL]. 科技进步与对策，1-13 [2024-10-14].

[56] 杨文溥. 数字经济促进高质量发展：生产效率提升与消费扩容 [J]. 上海财经大学学报，2022，24 (01): 48-60.

[57] Jolliff W, Nicholson J R. Measuring the digital economy: An update incorporating data from the 2018 comprehensive update of the industry economic accounts [J]. Bureau of Economic Analysis, Washington, DC, 2019.

[58] 宋洋. 数字经济、技术创新与经济高质量发展：基于省级面板数据 [J]. 贵州社会科学，2020，372 (12): 105-112.

[59] 荆文君，孙宝文. 数字经济促进经济高质量发展：一个理论分析框架 [J]. 经济学家，2019 (02): 66-73.

[60] 孟祥寒. 评《数字经济驱动区域经济发展方式转变研究——测度、影响效应及提升路径》[J]. 统计与决策，2024，40 (14): 2+189.

[61] 张亚丽，项本武. 数字经济发展对中国市域经济韧性的影响效应 [J]. 经济地理，2023，43 (01): 105-113.

[62] Popkova E G, De Bernardi P, Tyurina Y G, et al. A theory of digital technology advancement to address the grand challenges of sustainable development [J]. Technology in Society, 2022 (68): 101831.

[63] Deng H, Bai G, Shen Z, et al. Digital economy and its spatial effect on green productivity gains in manufacturing: Evidence from China [J]. Journal of Cleaner Production, 2022 (378): 134539.

[64] 王贞洁，王惠. 低碳城市试点政策与企业高质量发展——基于经济效率与社会效益双维视角的检验 [J]. 经济管理，2022，44 (06): 43-62.

[65] 刘玲娜，雷涯邻，张万益，等. "双碳"目标下资源型城市韧性发展研 [J/OL]. 地质通报：1-15 [2023-12-01].

［66］钞小静，王宸威，王灿．数字经济推动经济高质量发展的理论机制与实现路径［J］．经济纵横，2024（03）：108－117．

［67］刘强，马彦瑞，徐生霞．数字经济发展是否提高了中国绿色经济效率？［J］．中国人口·资源与环境，2022，32（03）：72－85．

［68］Yi J，Dai S，Li L，et al. How does digital economy development affect renewable energy innovation?［J］．Renewable and Sustainable Energy Reviews，2024（192）：114221．

［69］Wang J，Wang B，Dong K，et al. How does the digital economy improve high－quality energy development? The case of China［J］．Technological Forecasting and Social Change，2022（184）：121960．

［70］夏杰长．筑牢以制造业为核心的实体经济：基础条件与关键突破［J］．企业经济，2024，43（10）：5－14＋2．

［71］He Z，Wei W. China's financial system and economy：a review［J］．Annual Review of Economics，2023，15（01）：451－483．

［72］王晓丹，石玉堂，刘达．公共数据开放能促进数字经济与实体经济融合吗？——来自政府数据平台上线的准自然实验［J］．南方经济，2024（09）：25－44．

［73］张沥幻，张金昌．数实技术融合、企业转型升级与新质生产力——基于2012—2022年A股制造业企业的实证检验［J/OL］．科技进步与对策，1－12［2024－10－15］．

［74］李永红，黄瑞．我国数字产业化与产业数字化模式的研究［J］．科技管理研究，2019，39（16）：129－134．

［75］耿勇，向晓建，徐飞．数字化转型能否打破地理距离约束？——来自企业供应链地理分布的证据［J］．经济管理，2024，46（03）：165－185．

［76］王彦庆，薛静娴，符建华．中国数字经济发展水平时空演变及区域差异分析［J］．商业经济，2024（05）：1－5．

［77］夏杰长．以新质生产力驱动数实融合［J］．社会科学家，2024

(02): 38 -44.

[78] 魏丽莉，侯宇琦．数字经济对中国城市绿色发展的影响作用研究［J］．数量经济技术经济研究，2022，39（08）：60 -79.

[79] 丁述磊，刘翠花，李建奇．数实融合的理论机制、模式选择与推进方略［J］．改革，2024（01）：51 -68.

[80] 许恒，张一林，曹雨佳．数字经济、技术溢出与动态竞合政策［J］．管理世界，2020，36（11）：63 -84.

[81] 师博，魏倩倩．数字经济与实体经济融合的制度安排［J］．经济与管理评论，2024，40（02）：17 -28.

[82] 张艳，郑贺允，葛力铭．资源型城市可持续发展政策对碳排放的影响［J］．财经研究，2022，48（01）：49 -63.

[83] 许磊，刘永团，刘硕，等．新质生产力、资源配置效率对资源型城市产业结构升级的影响［J/OL］．中国矿业，1 -11［2025 -01 -02］.

[84] 国家计委宏观经济研究院课题组．我国资源型城市的界定与分类［J］．宏观经济研究，2002（11）：37 -39 +59.

[85] 张秀生，陈先勇．论中国资源型城市产业发展的现状、困境与对策［J］．经济评论，2001（06）：96 -99.

[86] 高天明，沈镭，刘立涛，等．中国煤炭资源不均衡性及流动轨迹［J］．自然资源学报，2013，28（01）：92 -103.

[87] 李强，杜兵盈，王成库，等．黑龙江省煤炭资源勘查开发战略建议［J］．中国矿业，2024，33（S1）：31 -35.

[88] 颜丙磊．煤炭行业节能形势分析［J］．煤炭加工与综合利用，2024（04）：97 -100 +106.

[89] Yuan D, Dong J. Research on ecological restoration and its impact on society in coal resource - based areas: Lessons from the Ruhr area in Germany and the Liulin area in China [J]. Geoforum, 2024 (154): 104038.

[90] Wang Y. What drives sustainable development? Evaluating the role of oil and coal resources for selected resource rich economies [J]. Resources Pol-

icy, 2023 (80): 103078.

[91] Gereffi G. International trade and industrial upgrading in the apparel commodity chain [J]. Journal of International Economics, 1999, 48 (1): 37-70.

[92] 向清雨，赵艾凤．环境保护税能否倒逼产业升级？——基于双重差分法的准自然实验［J］．现代管理科学，2023（04）：24-35.

[93] Wang S, Wang X, Chen S. Global value chains and carbon emission reduction in developing countries: does industrial upgrading matter? [J]. Environmental Impact Assessment Review, 2022 (97): 106895.

[94] 陈堂，陈光．数字化转型对产业结构升级的空间效应研究——基于静态和动态空间面板模型的实证分析［J］．经济与管理研究，2021，42（08）：30-51.

[95] Chang H, Ding Q, Zhao W, et al. The digital economy, industrial structure upgrading, and carbon emission intensity——empirical evidence from China's provinces [J]. Energy Strategy Reviews, 2023 (50): 101218.

[96] 操友根，黄坤耀，杜梅．数字经济背景下中国装备制造业升级路径研究［J］．中国科技论坛，2024（02）：94-104.

[97] Ren X, Zeng G, Gozgor G. How does digital finance affect industrial structure upgrading? Evidence from Chinese prefecture-level cities [J]. Journal of Environmental Management, 2023 (330): 117125.

[98] 刘永团，杨道伟，凤兰，等．数字普惠金融对资源型城市产业结构升级的影响及机制研究［J］．中国矿业，2024，33（11）：158-166.

[99] Su Y, Fan Q. Renewable energy technology innovation, industrial structure upgrading and green development from the perspective of China's provinces [J]. Technological Forecasting and Social Change, 2022 (180): 121727.

[100] 孙凌宇，罗杨帆．产业结构合理化对碳排放影响的空间效应［J］．重庆社会科学，2022（10）：55-68.

[101] 许军. 产业智能化赋能低碳经济发展：理论机制与实证检验[J]. 统计与决策，2024，40 (15)：76 - 81.

[102] Bai T, Qi Y, Li Z, et al. Digital economy, industrial transformation and upgrading, and spatial transfer of carbon emissions: The paths for low - carbon transformation of Chinese cities [J]. Journal of Environmental Management, 2023 (344): 118528.

[103] 王永昌，尹江燕. 论经济高质量发展的基本内涵及趋向 [J]. 浙江学刊，2019 (01)：91 - 95.

[104] 于法稳，黄鑫，岳会. 乡村旅游高质量发展：内涵特征、关键问题及对策建议 [J]. 中国农村经济，2020 (08)：27 - 39.

[105] Guo B, Wang Y, Zhang H, et al. Impact of the digital economy on high - quality urban economic development: Evidence from Chinese cities [J]. Economic Modelling, 2023 (120): 106194.

[106] 金碚. 关于"高质量发展"的经济学研究 [J]. 中国工业经济，2018 (04)：5 - 18.

[107] 刘志彪. 理解高质量发展：基本特征、支撑要素与当前重点问题 [J]. 学术月刊，2018，50 (07)：39 - 45 + 59.

[108] Pan W, Wang J, Lu Z, et al. High - quality development in China: Measurement system, spatial pattern, and improvement paths [J]. Habitat international, 2021 (118): 102458.

[109] Wang N, Guo J, Zhang J, et al. Comparing eco - civilization theory and practice: Big - data evidence from China [J]. Journal of Cleaner Production, 2022 (380): 134754.

[110] 赵剑波，史丹，邓洲. 高质量发展的内涵研究 [J]. 经济与管理研究，2019，40 (11)：15 - 31.

[111] Ruonan Z, Xiangrong S, Hailong C. New quality productivity, New Industrialization and High quality Development [J]. Finance and Economics, 2024, 3 (02): 7 - 15.

［112］刘丽，任保平，汪浩．数字经济与产业绿色高质量发展耦合协调度的时空特征、区域差异与影响因素［J］．统计与决策，2023，39（22）：24－29.

［113］王一鸣．百年大变局、高质量发展与构建新发展格局［J］．管理世界，2020，36（12）：1－13.

［114］Chen X，Liu X，Zhu Q. Comparative analysis of total factor productivity in China's high－tech industries［J］. Technological Forecasting and Social Change，2022（175）：121332.

［115］郑志康．深刻把握新质生产力的整体机理：一个探索性的分析理路［J］．求实，2025（01）：16－31＋109－110.

［116］徐政，郑霖豪，程梦瑶．新质生产力赋能高质量发展的内在逻辑与实践构想［J］．当代经济研究，2023（11）：51－58.

［117］Lin L，Gu T，Shi Y. The influence of new quality productive forces on high－quality agricultural development in China：Mechanisms and empirical testing［J］. Agriculture，2024，14（07）：1022.

［118］丁志帆．数字经济驱动经济高质量发展的机制研究：一个理论分析框架［J］．现代经济探讨，2020（01）：85－92.

［119］任保平．我国高质量发展的目标要求和重点［J］．红旗文稿，2018（24）：21－23.

［120］金乐琴．高质量绿色发展的新理念与实现路径——兼论改革开放40年绿色发展历程［J］．河北经贸大学学报，2018，39（06）：22－30.

［121］李民吉．转变经济发展方式的关键：从要素驱动转向创新驱动［J］．新视野，2012（02）：26－28.

［122］Tapscott D，Osorio M B. La economía digital［M］. New York：McGraw－Hill，1997.

［123］孟方琳，汪遵瑛，赵袁军，等．数字经济生态系统的运行机理与演化［J］．宏观经济管理，2020（02）：50－58.

[124] 韩凤芹，陈亚平．数字经济的内涵特征、风险挑战与发展建议［J］．河北大学学报（哲学社会科学版），2022，47（02）：54－61.

[125] 乔彬，贾玉洁，张杰飞．数据价值化、产业跨界融合与经济高质量增长［J］．软科学，2024，38（07）：42－49.

[126] 马费成，王文慧，孙玉姣，等．数字产业化与产业数字化协同发展中的数据价值实现［J］．信息资源管理学报，2024，14（04）：4－15.

[127] Papadopoulos T，Singh S P，Spanaki K，et al. Towards the next generation of manufacturing：implications of big data and digitalization in the context of industry 4.0［J］．Production Planning & Control，2022，33（2－3）：101－104.

[128] 王锋．技术与价值：数字化治理的两个维度［J］．行政论坛，2023，30（04）：136－142.

[129] 孙祁祥，周新发．科技创新与经济高质量发展［J］．北京大学学报（哲学社会科学版），2020，57（03）：140－149.

[130] 柳卸林，高雨辰，丁雪辰．寻找创新驱动发展的新理论思维——基于新熊彼特增长理论的思考［J］．管理世界，2017（12）：8－19.

[131] 宗良，时圆，赵廷辰．现代经济增长理论的新思维——基于传统模型的扩展与中国实践［J］．国际金融研究，2022（08）：15－23.

[132] 李海舰，赵丽．数据成为生产要素：特征、机制与价值形态演进［J］．上海经济研究，2021（08）：48－59.

[133] Rosenberg N. Technological change in the machine tool industry，1840－1910［J］．The Journal of Economic History，1963，23（04）：414－443.

[134] 赵玉林，裴承晨．技术创新、产业融合与制造业转型升级［J］．科技进步与对策，2019，36（11）：70－76.

[135] 张伯旭，李辉．推动互联网与制造业深度融合——基于“互联网＋”创新的机制和路径［J］．经济与管理研究，2017，38（02）：87－96.

[136] 石璋铭，杜琳．工业互联网平台对产业融合影响的实证研究[J]．科技进步与对策，2022，39（19）：59-68.

[137] 李莹，程广斌．制造业与数字经济产业融合水平及创新效率测度[J]．统计与决策，2023，39（01）：17-22.

[138] 陈晓红．数字经济时代的技术融合与应用创新趋势分析[J]．中南大学学报（社会科学版），2018，24（05）：1-8.

[139] 黄先海，高亚兴．数实产业技术融合与企业全要素生产率——基于中国企业专利信息的研究[J]．中国工业经济，2023（11）：118-136.

[140] 王晓红，陶育华，包英男．制造业与数字经济融合的机制与对策研究[J]．江苏行政学院学报，2023（03）：62-68.

[141] 杜传忠，管海锋．数字经济与我国制造业出口技术复杂度——基于中介效应与门槛效应的检验[J]．南方经济，2021（12）：1-20.

[142] 李婉红，李娜．自然资源禀赋、市场化配置与产业结构转型——来自116个资源型城市的经验证据[J]．现代经济探讨，2021（08）：52-63.

[143] Gylfason T. Natural resources and economic growth：what is the connection？[J]．Available at SSRN 279679，2001.

[144] 郑辉，孙晓华，龙睿．资源型城市经济转型的路径与模式[J]．福建论坛（人文社会科学版），2022（01）：61-74.

[145] 王丽艳，马光荣，叶茂亮．采矿业繁荣、产业集聚与制造业发展[J]．经济理论与经济管理，2023，43（05）：22-37.

[146] 田颖，刘林．我国资源型地区经济可持续增长问题研究——基于技术进步视角的再分析[J]．生态经济，2019，35（05）：62-70.

[147] 郑婷婷，付伟，陈静．信息化发展水平、资源依赖与绿色全要素生产率——来自地级市面板数据的分析[J]．科技进步与对策，2019，36（23）：44-52.

[148] 刘继兵，高芳，田韦仑．“资源诅咒”如何转化为“发展福音”？——基于数字金融破除效应视角[J]．武汉金融，2022（06）：21-30.

[149] 王丽艳，许敬轩，马光荣．解码资源地区经济发展：机制演变及展望 [J]．经济学家，2021 (09)：109－118.

[150] 徐昊，马丽君．数字经济、资源依赖与绿色经济发展 [J]．金融与经济，2022 (01)：45－54.

[151] 李寒冰，金晓斌，吴可，等．土地利用系统对区域可持续发展的支撑力评价：方法与实证 [J]．自然资源学报，2022，37 (01)：166－185.

[152] Carson R. Silent spring. 1962 [J]. New York, 2009.

[153] Van Vuuren D P, Zimm C, Busch S, et al. Defining a sustainable development target space for 2030 and 2050 [J]. One Earth, 2022, 5 (02): 142－156.

[154] 张盛，李宏伟，吕永龙，等．可持续生态学视角下生态产品价值实现的思路 [J]．中国人口·资源与环境，2024，34 (06)：151－160.

[155] Ching N T, Ghobakhloo M, Iranmanesh M, et al. Industry 4.0 applications for sustainable manufacturing: A systematic literature review and a roadmap to sustainable development [J]. Journal of Cleaner Production, 2022 (334): 130133.

[156] 刘国斌，崔明月．绿色经济视域下东北地区产业转型升级研究 [J]．哈尔滨商业大学学报（社会科学版），2022 (01)：112－118.

[157] 曾刚，胡森林．技术创新对黄河流域城市绿色发展的影响研究 [J]．地理科学，2021，41 (08)：1314－1323.

[158] 冯素玲，许德慧．数字产业化对产业结构升级的影响机制分析——基于2010—2019年中国省际面板数据的实证分析 [J]．东岳论丛，2022，43 (01)：136－149＋192.

[159] 胡继晔，付炜炜．数据要素价值化助力培育新质生产力 [J]．财经问题研究，2024 (09)：48－60.

[160] 唐将伟，谢延璐．数字经济赋能绿色高质量发展的理论机制与路径优化 [J/OL]．价格理论与实践，1－6 [2024－10－21].

[161] 程超，高丹，张衡，等．煤炭与新能源融合发展场景与关键技术 [J]．中国工程科学，2024，26 (04)：52 - 62.

[162] 张杰，包佳瑶．“双碳”背景下绿色财政激励政策的产业生态化效应 [J/OL]．中国人口·资源与环境，2024 (07)：184 - 196 [2024 - 10 - 21].

[163] 刘晓康．“双碳”目标下，煤炭企业绿色低碳转型的实践与思考 [J]．中国煤炭工业，2022 (06)：23 - 25.

[164] 余江，陈凤，郭玥．现代化产业体系中科技创新与产业创新的深度融合：全球新一代光刻系统的启示 [J]．中国科学院院刊，2024，39 (07)：1141 - 1152.

[165] 李真．金融能级与城市产业创新竞争力：城域分化与耦合协同 [J]．财经研究，2023，49 (09)：19 - 33.

[166] 宋培，白雪洁，李琳，等．数字产业创新对产业结构现代化的影响研究 [J]．科学学研究，2024，42 (01)：170 - 182.

[167] 苏屹，支鹏飞，郭秀芳．区域数字经济规模测算及其对区域创新的影响 [J]．科研管理，2023，44 (09)：29 - 38.

[168] 陈小江．残积砂质黏土直剪试验数据处理方法研究 [J]．施工技术（中英文），2022，51 (03)：50 - 53.

[169] 黄仁全，董娟．陕西省经济发展、科技创新与生态环境的耦合协调发展研究 [J]．运筹与管理，2022，31 (10)：161 - 168.

[170] Jiao J, Song J, Ding T. The impact of synergistic development of renewable energy and digital economy on energy intensity: Evidence from 33 countries [J]. Energy, 2024 (295): 130997.

[171] 邓宗兵，肖沁霖，王炬，等．中国数字经济与绿色发展耦合协调的时空特征及驱动机制 [J]．地理学报，2024，79 (04)：971 - 990.

[172] 方大春，常愉珠．数字经济与实体经济融合发展的空间关联与协同治理路径 [J]．区域经济评论，2024 (06)：94 - 101.

[173] 程钰，王晶晶，王亚平，等．中国绿色发展时空演变轨迹与影

响机理研究［J］. 地理研究，2019，38（11）：2745－2765.

［174］许国腾. 数字经济与实体经济融合发展研究［D］. 北京：北京邮电大学，2021.

［175］吴俊珺，杜文豪. 数实融合、资源配置效率与新质生产力发展［J］. 统计与决策，2024，40（24）：5－10.

［176］刘珺. 数实融合、新质生产力与中国新型工业化［J］. 统计与决策，2024，40（23）：19－24.

［177］曹增栋，岳中刚. 数字经济与实体经济融合对碳排放强度的影响：理论模型与经验证据［J］. 经济问题探索，2024（12）：1－16.

［178］Reshetnikova N，Magomedov M，Buklanov D. Digital finance technologies：Threats and challenges to the global and national financial security［C］//IOP conference series：earth and environmental science. IOP Publishing，2021，666（06）：062139.

［179］朱晓峰，黄晓婷. 基于种群演化的政府数据开放实证研究［J］. 情报科学，2020，38（07）：123－131.

［180］庞博慧. 中国生产服务业与制造业共生演化模型实证研究［J］. 中国管理学，2012，20（02）：176－183.

［181］Lawal M，Alwi S R W，Manan Z A，et al. Industrial symbiosis tools—A review［J］. Journal of Cleaner Production，2021（280）：124327.

［182］郭东，李琳. 中国城市数实融合时空演化及影响因素研究［J/OL］. 科研管理，1－18［2025－01－10］.

［183］张少华，木鑫，陈鑫，等. 中国数字经济和实体经济的融合研究：社会再生产过程视角［J］. 中国软科学，2024（11）：35－45.

［184］Zhang D，Wang Y. The mechanism and empirical study of the integration of digital economy and real economy to promote highquality economic development［J］. International Journal of Science Academic Research，2022，8（03）：4280－4287.

［185］钞小静，王意萱，王宸威. 中国数字经济与实体经济融合的再

测算——来自融合深度的新发现［J/OL］. 贵州财经大学学报，1 - 13［2025 - 01 - 10］.

［186］ Pineda M，Jabba D，Nieto - Bernal W. Blockchain Architectures for the Digital Economy：Trends and Opportunities［J］. Sustainability，2024，16（01）：442.

［187］ 夏杰长，张雅俊. 重构数实融合的制度环境：逻辑与路径［J］. 学术论坛，2024，47（03）：77 - 88.

［188］ Ning J，Yin Q，Yan A. How does the digital economy promote green technology innovation by manufacturing enterprises? Evidence from China［J］. Frontiers in Environmental Science，2022（10）：967588.

［189］ 王文姬，戴小红. 数实融合与数字产业集群的互促机制及推进策略研究［J］. 企业经济，2024，43（11）：30 - 37.

［190］ Liu Y，Zheng M，Shum W Y. On the linkages between digital finance and real economy in China：A cointegration analysis［J］. Innovation and Green Development，2024，3（01）：100109.

［191］ 崔琳昊，冯烽. 数实融合与城市绿色发展：影响与机制［J］. 城市问题，2024（04）：31 - 41.

［192］ 陈宪. 以数实融合增强现代化产业体系竞争力［J］. 人民论坛，2024（12）：86 - 90.

［193］ Zhu L. Digital finance and the Efficiency of Financial Support for The Real Economy：Empirical Evidence from China［J］. Frontiers in Business，Economics and Management，2023，9（02）：141 - 147.

［194］ 刘江浩，刘寒波. 数实融合发展影响省域制造业集聚模式：内在机理与实证检验［J］. 统计与决策，2024，40（16）：172 - 177.

［195］ 赵佳丽，张晓雅，常非凡. 数实融合驱动城市韧性提升的机制与效应研究［J］. 宏观经济研究，2024（11）：18 - 37 + 79.

［196］ 边作为. 数实深度融合、新质生产力与经济高质量增长［J］. 技术经济与管理研究，2024（11）：47 - 52.

[197] 罗公利，袁月凡，王璐．数实融合对经济韧性的影响研究[J]．调研世界，2024 (08)：60-72.

[198] 赵敏，辛沛祝，白杨．高质量发展背景下中国省域绿色经济效率与社会公平绩效耦合性研究 [J]．河海大学学报（哲学社会科学版），2022，24 (03)：39-49+114.

[199] 王虹桥，陈养才，王丹识．我国"数字煤炭"建设发展研究与探讨 [J]．中国煤炭，2024，50 (01)：9-14.

[200] 罗艺恒，蒋晨茜．数字经济推动煤炭资源型地区县域经济发展的思考 [J]．内蒙古煤炭经济，2022 (05)：108-110.

[201] 程坤，刘具，王猛，等．煤炭资源合理开发利用"三率"标准应用研究 [J]．中国煤炭，2024，50 (01)：15-20.

[202] 王国法，刘峰，庞义辉，等．煤矿智能化——煤炭工业高质量发展的核心技术支撑 [J]．煤炭学报，2019，44 (02)：349-357.

[203] 王辉，冯峥，袁礼，等．公共科研机构绿色研发介入与企业绿色创新——基于环境外部性视角 [J/OL]．中国工业经济，2024 (09)：81-99 [2024-11-17].

[204] 郑辽吉，张鹏，李三喜，等．基于价值共创视角的数字文旅空间生产——以粤港澳大湾区为例 [J/OL]．资源开发与市场，1-15 [2024-11-17].

[205] 李芳，范海斌．煤炭企业大数据智能归档利用体系建设实践 [J]．浙江档案，2022 (07)：59-62.

[206] 叶堂林，吴明桓，牛寒茵．依托数字经济及其产业生态助推区域高质量发展研究 [J]．工业技术经济，2023，42 (06)：10-18.

[207] 王金刚，耿桦，黄为勇，等．煤炭供应链数字化转型研究与实践 [J]．中国煤炭，2023，49 (08)：14-19.

[208] 李修东．我国煤炭供应链现代化水平提升路径研究 [J]．煤炭经济研究，2022，42 (08)：48-53.

[209] 唐承财，梅江海，上官令仪，等．新质生产力视域下国内外数

字文旅研究评述与展望［J］．地理科学进展，2024，43（10）：1894－1912.

［210］崔茂森，刘荣庆．数字经济与绿色创新耦合协调度研究——以长三角地区城市为例［J/OL］．华东经济管理，1－17［2024－03－16］.

［211］陈磊，杜宝贵．科技服务业发展与区域科技创新耦合协调度及影响因素研究［J］．科学学与科学技术管理，2023，44（12）：51－67.

［212］洪雪飞，李力，王俊．创新驱动对经济、能源与环境协调发展的空间溢出效应——基于省域面板数据与空间杜宾模型的研究［J］．管理评论，2021，33（04）：113－123.

［213］Feng L，Wang H，Ma X，et al. Modeling the current land suitability and future dynamics of global soybean cultivation under climate change scenarios［J］．Field Crops Research，2021（263）：108069.

［214］李研．中国数字经济产出效率的地区差异及动态演变［J］．数量经济技术经济研究，2021，38（02）：60－67.

［215］李晓娣，饶美仙．数字经济赋能城市科技创新的组态路径研究［J］．科学学研究，2023，41（11）：2086－2097＋2112.

［216］阮添舜，屈蓉，顾颖．数字平台生态系统下企业何以实现数字创新［J］．科技进步与对策，2023，40（23）：82－91.

［217］刘和东，纪然．数字经济促进产业结构升级的机制与效应研究［J］．科技进步与对策，2023，40（01）：61－70.

［218］方文君，邓峰，张战仁．环境目标约束对能源结构低碳转型的影响［J］．中国人口·资源与环境，2024，34（01）：84－96.

［219］尤碧莹，郑明贵，胡志亮．数字化转型对资源型企业全要素生产率的影响［J］．资源科学，2023，45（03）：536－548.

［220］裴尔洁，张治栋．数字基础设施建设对经济高质量发展的影响——基于“宽带中国”战略的准自然实验［J］．华东经济管理，2024，38（02）：64－74.

［221］丁恩杰，俞啸，夏冰，等．矿山信息化发展及以数字孪生为核

心的智慧矿山关键技术［J］. 煤炭学报，2022，47（01）：564－578.

［222］张帆，葛世荣，李闯，等. 智慧矿山数字孪生技术研究综述［J］. 煤炭科学技术，2020，48（07）：168－176.

［223］佟新华，郭淑睿，段海燕，等. 资源产业依赖对中国资源型城市收缩的影响机制［J］. 资源科学，2024，46（10）：2022－2033.

［224］Davidson K，Nguyen T M P，Beilin R，et al. The emerging addition of resilience as a component of sustainability in urban policy［J］. Cities，2019（92）：1－9.

［225］苏伟洲，雷高文，王钰，等. 资源型城市形成模式对产业结构升级的影响机制研究［J］. 软科学，2024，38（07）：71－79.

［226］Li Z，Wang J. The dynamic impact of digital economy on carbon emission reduction：evidence city－level empirical data in China［J］. Journal of Cleaner Production，2022（351）：131570.

［227］Li W，Wang J，Chen R，et al. Innovation－driven industrial green development：The moderating role of regional factors［J］. Journal of Cleaner Production，2019（222）：344－354.

［228］唐绅峰，潘爽，吴文洋. 数字经济提升了劳动生产率吗？——基于中国城市面板数据的实证分析［J］. 经济问题探索，2023（07）：142－157.

［229］杨瑾，傅德印. 数字经济对劳动生产率的影响——基于省级面板数据的实证［J］. 统计与决策，2023，39（01）：5－10.

［230］Ma R，Lin Y，Lin B. Does digitalization support green transition in Chinese cities？Perspective from Metcalfe's Law［J］. Journal of Cleaner Production，2023（425）：138769.

［231］Davidow W H. Marketing high technology：an insider's view［M］. Simon and Schuster，1986.

［232］冯露，杨阔. 数字经济与能源强度：影响效应与作用机制［J］. 煤炭经济研究，2025，45（05）：15－24.

［233］贺正楚，蔡湘杰，潘为华，等．数字经济、科技服务业的协同发展及区域协同效应［J］．科研管理，2024，45（03）：133－142.

［234］Liu S，Miao Y，Lu G，et al. How digital economy and technological innovation can achieve a virtuous cycle with the ecological environment？［J］. Environment，Development and Sustainability，2023，26（09）：24287－24311.

［235］王启铭，张爱儒．西部地区工业行业全要素生产率测算及比较［J］．统计与决策，2021，37（14）：58－62.

［236］余东华，李云汉．数字经济时代的产业组织创新——以数字技术驱动的产业链群生态体系为例［J］．改革，2021（07）：24－43.

［237］宋玉臣，朱铭祺．供应链金融与企业数字技术创新——影响效果、作用机制与地方政府支持政策下的效应评估［J］．商业研究，2024（02）：74－83.

［238］林毅夫，付才辉．比较优势与竞争优势：新结构经济学的视角［J］．经济研究，2022，57（05）：23－33.

［239］Huo P，Wang L. Digital economy and business investment efficiency：Inhibiting or facilitating？［J］. Research in International Business and Finance，2022（63），101797.

［240］陈宇斌，王森．数字经济空间集聚结构驱动共同富裕——基于区域创新与产业结构升级的作用机理［J］．经济问题探索，2024（12）：176－190.

［241］薛莹，赵文凯．技术融合式创新、知识溢出与企业全要素生产率［J］．商业研究，2024（02）：133－142.

［242］王锋，李皓浩，吴建雄．中国经济绿色发展的政策演变、评价方法和实现路径［J］．绿色矿山，2024，2（02）：136－149.

［243］廖珍珍，茹少峰．数字技术创新对中国城市能源结构优化的影响——基于偏向型技术进步的视角［J］资源科学，2024，46（09）：1881－1892.

[244] Liu X, Qin C, Liu B, et al. The economic and environmental dividends of the digital development strategy: evidence from Chinese cities [J]. Journal of Cleaner Production, 2024 (440): 140398.

[245] 程蕾. 可持续能源转型下煤炭企业产业多元化驱动力及路径研究 [J]. 煤炭经济研究, 2024, 44 (03): 146-151.

[246] 张坤, 潘家华. 实现能源脱碳目标的进展、挑战与应对策略 [J]. 江淮论坛, 2024 (01): 76-85+193.

[247] 朱杰堂, 焦冉晴, 谢伟丽. 数字普惠金融如何影响绿色全要素生产率——理论分析与经验证据 [J]. 金融监管研究, 2022 (03): 54-70.

[248] 温皓然, 林树. 全要素生产率研究的知识结构和动态演化图谱分析 [J]. 科学决策, 2024 (10): 181-200.

[249] 王丰羽, 杨莉, 陆彦文. 高质量发展背景下长三角城市群创新效率测度及影响因素研究 [J]. 生产力研究, 2023 (01): 51-58.

[245] Ni L, Ahmad S F, Alshammari T O, et al. The role of environmental regulation and green human capital towards sustainable development: The mediating role of green innovation and industry upgradation [J]. Journal of Cleaner Production, 2023 (421): 138497.

[251] 陈清荷, 焦华富, 管晶. 煤炭资源型县域土地城镇化时空演变及驱动因素——以淮北市濉溪县为例 [J]. 资源科学, 2024, 46 (03): 583-596.

[252] Luo H, Yang B, Liu Z, et al. The bright and dark sides: Unpacking the effect of digital economy on resource curse [J]. Journal of Cleaner Production, 2024 (485): 144351.

[253] 夏杰长, 张雅俊. 重构数实融合的制度环境: 逻辑与路径 [J]. 学术论坛, 2024, 47 (03): 77-88.

[254] 刘志铭, 徐佳慧. 行业创造性破坏与企业生产率提升——基于创新投资选择和成本约束视角 [J]. 财经研究, 2024, 50 (10): 64-78.

[255] 高丽娜，施晓敏，张惠东，谢靖．研发投入强度、结构与区域创新格局演进［J］．经济问题，2025（01）：124－129.

[256] 张婷婷．煤炭资源型城市的评价体系构建与转型机制研究［J］．内蒙古煤炭经济，2024（02）：115－117.

[257] 毛丰付，侯玉巧，高雨晨．数字经济对城市能源消费结构转型的影响——基于能源禀赋异质性与空间溢出效应检验［J］．浙江学刊，2024（06）：125－136.

[258] 曾绍伦，杨慧丽，张頔．考虑数据要素投入的省域制造业全要素生产率及其影响因素研究［J］．统计与决策，2024，40（23）：103－108.

[259] 张倩，李文龙，邢志华，冯露．碳市场中控排客户对企业碳绩效的影响研究［J］．煤炭经济研究，2025，45（03）：25－35.

[260] 陶晓，杨军，骆翔宇，等．城市绿地碳汇核算和监测研究进展［J］．中国园林，2024，40（03）：108－113.

[261] 晏清．国土绿化如何“点绿成金”？——来自中国城市绿色基础设施创新效应的经验证据［J］．现代经济探讨，2024（03）：33－42.

[262] 郭沛，梁栋．低碳试点政策是否提高了城市碳排放效率——基于低碳试点城市的准自然实验研究［J］．自然资源学报，2022，37（07）：1876－1892.

[263] 王建康，韩倩．创新驱动是否促进了城市经济高质量发展?［J］．科学学与科学技术管理，2022，43（11）：88－106.

[264] 姜雨，王亚平，程钰．数字化发展对中国资源型城市经济韧性的影响［J］．湖南师范大学自然科学学报，2024（06）：1－9.

[265] 安敏，李文佳，安慧．长江沿线城市经济增长与环境质量影响关系的实证研究［J］．长江流域资源与环境，2022，31（05）：1101－1115.

[266] 邱婷，吕宏芬，童素娟．贸易开放对绿色全要素生产率的影响——基于长三角地区40个地级市面板数据的实证分析［J］．科技和产

业，2023，23（19）：101－107.

[267] 解安，邵景润. 新质生产力的概念深诠与机理再探——兼论其在农业农村领域的实践 [J]. 河北学刊，2025，45（01）：20－29.

[268] Zhang J, Shan Y, Jiang S, et al. Study on the coordinated development degree of new quality productivity and manufacturing carbon emission efficiency in provincial regions of China [J]. Environment, Development and Sustainability, 2024 (03): 1－35.

[269] Sun G, Fang J, Li J, et al. Research on the impact of the integration of digital economy and real economy on enterprise green innovation [J]. Technological Forecasting and Social Change, 2024 (200): 123097.

[270] 高培培. 新质生产力与数字经济核心产业出口韧性：影响效应及作用机制 [J]. 统计与决策，2024，40（23）：5－11.

[271] 王志刚，项猛. 数实融合的路径分析：基于大数据综合试验区的准自然实验 [J]. 经济问题探索，2024（09）：95－112.

[272] 刘惠惠，高嘉遥. 数实融合促进新质生产力的多元优势、动能解析与布局完善 [J/OL]. 当代经济管理，1－15 [2025－01－10].

[273] 沈梓鑫，郭玉瑶. 新质生产力导向下产业融合的测算方法研究——基于技术融合视角 [J]. 财经问题研究，2024（11）：31－45.

[274] 刘阳，修长百. 数实融合对产业结构转型升级的研究 [J]. 科学管理研究，2022，40（03）：123－129.

[275] 文丰安. 中国式现代化进程中新质生产力赋能产业结构优化：内在机理与实施路径 [J]. 经济纵横，2024（12）：22－32.

[276] 卢鹏. 数实融合驱动新质生产力涌现的逻辑与实践进路 [J]. 电子政务，2024（09）：27－37.

[277] 徐玉德，程东，范亚辰. 筑巢引凤来：数实融合与人力资本结构升级 [J]. 财经论丛，2024（11）：3－12.

[278] 邢占军，王晶心. 高等教育数智化转型赋能新质生产力的内在机理与实现路径 [J]. 南京社会科学，2024（12）：155－162.

［279］柯阳谷．绿色技术创新对产业升级的双重效应［J］．学习与探索，2024（12）：136－142.

［280］丁任重，高雨萌．新质生产力就是绿色生产力［J］．学习与探索，2024（12）：128－135.

［281］Wang H，Cui H，Zhao Q. Effect of green technology innovation on green total factor productivity in China：Evidence from spatial durbin model analysis［J］．Journal of Cleaner Production，2021（288）：125624.

［282］Ferragina E，Arrigoni A. The social and political bases of political economy：Interpreting and periodising italian developments since WWII［J］．New Political Economy，2024（29）：770－87.

［283］陈晔婷，何思源，刘金涛，等．政策赋能、数据要素配置与新质生产力［J］．统计与决策，2024，40（19）：31－37.

［284］程赛楠，冯珍．数实融合对新质生产力的影响研究［J］．北京理工大学学报（社会科学版），2024，26（06）：15－27.

［285］孙小婷，李敏．绿色技术创新、新质生产力与低碳经济高质量发展［J］．统计与决策，2024，40（14）：29－34.

［286］霍松涛．新质生产力、绿色技术创新与全球价值链地位攀升［J］．统计与决策，2024，40（23）：37－42.

［287］李佳．新质生产力赋能金融数智化的逻辑透析与实现路径［J］．商业经济与管理，2024（08）：30－39.

［288］赵君旸，费宇．数字经济对新质生产力的影响及空间溢出效应［J］．学术探索，2024（11）：121－131.

［289］施曼．人工智能、新质生产力与产业链供应链安全［J］．新疆社会科学，2024（06）：54－64＋183.